跟大师学投资丛书

FOLLOW THE MASTER INVESTMENT

景气循环投资策略

·巴菲特也要学的一堂课·

[日]铃木一之◎著
杨哲群◎著

SPM
南方出版传媒
广东经济出版社
·广州·

图书在版编目（CIP）数据

景气循环投资策略：巴菲特也要学的一堂课／（日）铃木一之著；杨哲群译．．—广州：广东经济出版社，2017.8
ISBN 978－7－5454－5451－2

Ⅰ．①景… Ⅱ．①铃… ②杨… Ⅲ．①投资－基本知识Ⅳ．①F830.59

中国版本图书馆 CIP 数据核字（2017）第 119785 号

景気サイクル投資法
ISBN978－4775930649

版权合同登记号：19－2016－088
JINGQI XUNHUAN TOUZI CELÜE：BAFEITE YE YAO XUE DE YI TANG KE

出 版 人：姚丹林
责任编辑：陈念庄　赖芳琨

出版发行	广东经济出版社（广州市环市东路水荫路 11 号 11～12 楼）
经销	全国新华书店
印刷	广东省农垦总局印刷厂（广州市天河区棠东路横岭三路 11～13 号）
开本	730 毫米×1020 毫米　1/16
印张	10.5
字数	116 000 字
版次	2017 年 8 月第 1 版
印次	2017 年 8 月第 1 次
印数	1～5 000
书号	ISBN 978－7－5454－5451－2
定价	50.00 元

如发现印装质量问题，影响阅读，请与承印厂联系调换。
发行部地址：广州市环市东路水荫路 11 号 11 楼
电话：（020）38306055　37601950　邮政编码：510075
邮购地址：广州市环市东路水荫路 11 号 11 楼
电话：（020）37601980　营销网址：**http://www.gebook.com**
广东经济出版社新浪官方微博：**http://e.weibo.com/gebook**
广东经济出版社常年法律顾问：何剑桥律师

前言

本书是针对景气敏感股的股票投资策略进行说明的专书。详细解说要如何解读景气，如何掌握收益动向的习性，以及作为买卖标的要怎么去操作等诀窍。

所谓景气敏感股指的是当经济景气状况即将变好或即将转坏时，针对市场变化迅速做出反应，股价随即上涨或下跌的股票。如同字面上的意思，这类型股票最明显的特性就是会对景气动向敏感的个股率先做出表态，比起整体市场还要更早一步产生变动。基本上股票市场就是借由预测整体景气趋势而不断产生变动的，其中特别领先开始反应的“领头羊”就被称为景气敏感股。

景气敏感股的成分以基础工业为中心，以往也被称为“市况关联股”。其中最具代表性的业种为钢铁、化学以及非铁金属等产业。

日本昭和30~40年（1955—1965年）适逢高度成长期。昭和时代的日本，举国上下都充满希望与繁荣鼎盛。在那个时代，支撑着日本发展跃进的产业根基企业群中，有许多都是景气敏感股。其中大部分是属于产业基础原物料的制造业。然而，对景气的动向反应敏感的企业未必一定是从事制造的企业。因此，本书的出版也是为了能更多地扩及制造业范畴以外的业种，特将景气敏感股称为“景气循环股”。

股票市场在景气之前会有所变动，其中又以“景气敏感股”的景气循环股的超前反应最为明显。既然如此，如果我们经常去观察景气循环股的动态，便可以在某种程度上掌握后续整体市场的变化趋势。只要盯紧景气循环股，相信不只是日本经济的动向，就连世界整体的变化也能够做到精确地掌握。

本书会提及，景气循环股在企业规模上其实并不占有太大的势力。我们姑且以股价现值来做评比，诸如电子业的 SONY、夏普、PANASONIC，或是汽车制造业的丰田、本田等，此类为数众多的企业群每个都足以代表日本的经济。

不过这些一流企业的股价，未必会像景气循环股一样，具有领先景气的动向而提早一步产生变动的特性。倒不如说一流企业的股价其实“几乎和景气的变动一致”，毕竟这些企业的股价变动对日经平均指数或东京股票价格指数的影响太大，甚至可以说他们的股价动向几乎就等于是日本经济动向也不为过。

景气循环股所特有的“股价会领先反映景气”的股价变动特性，是来自景气循环股的收益结构。因此，景气循环股的领先性仅可见于景气循环股本身，不存在于其他业种之中。

不仅如此，景气循环股以及景气循环投资策略还有几项其他类股所没有的特征。整理如下。

· 股票的买卖点皆有明确的依据。

· 即使是空方市场也能以信用交易融券放空来增加获利。

· 不会造成重大损失。

· 不需劳心费神选股。

· 买卖之际不需要加入个人对于未来走势的预测。

本书中会对上述几点以相当的篇幅进行说明。

不管任何事情都一样，当你观察某一个标的物时，会因为视线焦点集中处的不同，而看见完全不同的景色。以股票市场来说，当你将视野置于高点俯瞰整个市场的动向时，就会与针对某一个企业仔细观察时得到的结论有非常大的差异。

这同样也反映在“一个好的策略师无法成为一个好的分析师”这句话。策略师的工作是要负责阐述市场整体的走向预测。反之，分析师最有兴趣的通常是单一企业的经营内容。一个人要同时兼具策略师和分析师两种不同的功能非常困难，于是就有了策略师与分析师这两种职业无法两全的说法。

然而本书要借由几个极为单纯的步骤，尝试让一个人同时兼任两种看起来彼此冲突的角色。简单说，这个方法就是先以最大限度的努力去注意景气的方向性，同时还要分神去关心景气循环类股中的个股表现。这一方面是策略师的领域，一方面也属于分析师的范畴。

即便如此，我们还是不需要复杂的景气预测，也不需要对于企业未来收益的前景推估等诸如此类的分析。只要具有极其一般的常识性的经济感觉，就能够熟悉景气循环股的股价特性。

在股票市场里想要持续性的增加获利不是一件容易的事情。即使有了某种程度的获利，想维持住成绩也很困难。当你以为要开始获利的时候，又发生了亏损，结果就是陷入不管花了多少时间去进出市场，原来的本钱却没增加多少的两难阶段。反复失败几次后，才终于发现投资股票，与其要追求获利，倒不如钻研如何巧妙地避开亏损才是真正重要的事情。

本书除了解说景气循环投资策略之外，关于风险管理这部分也列为重要事项。想要在股票市场里永续发展生存，请务必要参考本书的建议。

人们以“二次世界大战后历时最长的景气荣景”来形容的21世纪首波景气成长也已经步入尾声。既然景气不断循环，一时衰退的景气终将再次复苏成长。只要透过景气循环股的股价动向，确实掌握住景气与股价之间的关系，相信一定不会错过下一波景气成长的脉动。

铃木一之

目录

第一章　景气循环投资策略・理论篇

（一）什么是景气循环投资策略

第一章首先要向各位说明本书的主题“景气循环投资策略”的理论。

“景气循环投资策略”指的是针对随着景气变动，而产生股价上涨或是下跌的业种（类股）的一种股市投资方法，也称之为景气连动股投资策略，我们在此姑且称之为“景气循环投资策略”。

以景气为对手

市场上常说“股价是反映景气的镜子”，股价会随着景气而有所变动，景气好则股价上升，景气坏则股价下跌。这是自古以来传颂许久的不变真理，一旦一脚踩进股市投资的世界里，沉浸在市场的起伏之中，不知不觉就会忘了这个大原则，反而容易拘泥于枝微末节的琐事上头。

为什么会变成这样呢？

股价，每天、每小时、每分、每秒，一刻不停随时在变动，而景气的动向并不能简单一眼可以看得清楚。就算明白股价的起伏也是因为隐藏在背后的景气变动所致，但还是会忘记宏观的原理、原则，为了一天、一周之间股价波动而时喜时忧。

到了这个时候，就会非常在意海外投资人的动向如何？期货市场的动向如何？证券公司的信用评级如何？诸如此类的讯息。最后得到的就是“没有内线交易根本赚不了钱嘛！”这样极端的结论。

在股票投资市场总是无法取得成果的投资人，大多对于自己的投资模式并不明确，在还没有确立投资模式的阶段，只好不断地累积买卖次数，从中摸索各种不同的投资模式。是要跟进市场趋势还是要反向操作？要投资成长股好还是投资价值股？大型股还是小型股？抑或是 IPO 市场？先是以短线交易的方式尝试，最后更进一步开始当日冲销。到头来还是无法找到自己的投资模式，也无法获得确切的投资成果，整个人就会迷失在股票市场而无所适从。

在你无所适从的时候，请回归到原点，这比任何事情都更重要。

股市投资所谓的原点，就是先前我们提到过的“股价是反映景气的镜子”这句话。

我们在此不需要把“景气到底是什么?”这件事想得太过复杂。当然，如果有人愿意深入探讨的话，这可是个有机会得到更高层次的研究领域。不过在这里我们先单纯地将景气理解为企业的业绩即可。

现代社会中，企业占据了经济的主体。从日本昭和中期常见的个人商店模式，到如今包含面包店、书店、烟酒专卖店、洗衣店、居酒屋等众多买卖，都改以大企业连锁店的模式经营。在这样的组织架构下谋求生计的人数越多，企业营运的起落就越直接地影响到市井生活的水平。

企业经营如果活跃，透过雇用员工、提高薪资、甚至是开发新产品都能促使社会更加光明。反过来说，如果企业业绩恶化，那民众的生活也会随之低落。企业营运与民众生活的关联性相较以往，在现代社会更是密不可分。

只要时时刻刻谨记“景气就等于企业”，自然而然就能明白股价和景气之间的关系。如此一来“股市投资是以景气为对手”也就可以换句话为“股市投资即是以企业业绩为对手”。

景气有其循环性

景气的变动有其循环性。好景气不会永远持续下去，同样的，坏景气也不可能一直保持在低迷的状态。情况好的时候和不好的时候，不断交替出现，这就是景气循环的真貌。因此，我们说“景气变动的本质就在于循环”也不为过。

那么，景气为何会产生变动呢？这不是一个三言两语就可以解释清楚的问题。

以比较短的景气周期来说，企业的库存水位掌握了景气起伏的关键。在景气好的时候，企业制作出过多的产品，造成库存过剩，因此招致下一波的景气衰退。其后经过一定时间，企业将手边的库存量去化到一定程度，此时又会产生库存量不足的情形，于是又增加生产量，就是这样逐渐又转移至好景气的周期轨道——这种库存投资循环周期，一般需要 3 ~ 4 年，算是时间相对较短的周期。

其他还有以10年左右为周期，与设备投资的增减有密切关系的设备投资循环；以20年左右为周期，与建设投资息息相关的建设投资循环，更甚之还有以长达50年为周期的技术革新循环。

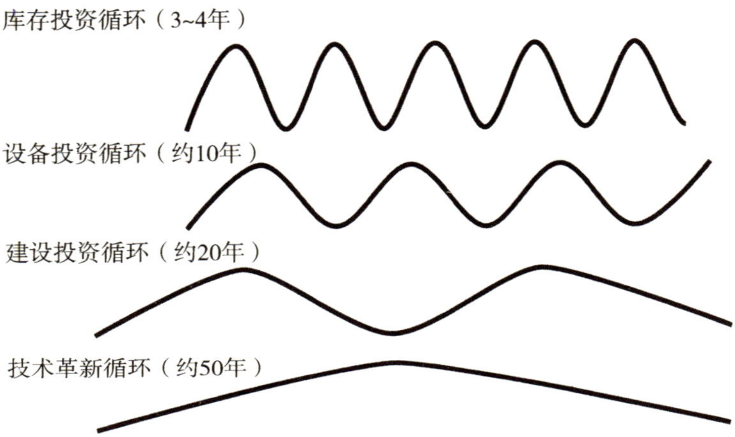

图1－1　景气周期示意图

景气循环投资策略是以景气循环论为基础来进行的股市投资。景气既然具有循环性，自然有好的时候，也有坏的时候。而股价既是如镜子般反映景气，当然也和景气一样有好有坏。那么，在其中要“如何?”而且以“何者?”为主要的观察重点，我们会在后续的篇幅里做详细说明。

何谓景气循环股

首先来说明下何谓景气循环股?

景气循环股就是对于景气变化反应敏感，率先产生股价变动的类股。

在日本，景气循环股以往被称为“景气敏感股”或者“市况关联股”，也因为大多属于钢铁、石化以及非铁金属等，以提供产业基础原物料的业种为多，经常被称为“原物料类股”。

景气循环是只要经济活动持续进行，好、坏景气循环的现象就会一直重复造访。再者，股价与景气无法脱钩也是不争的事实。以“景气等于企业”的思维来看，相信也就能够对于“只要景气好转，企业的股价就会上升，景气如果恶化，股价就会下跌”这样的关联性点头称是。总而言之，只要能够掌握住景气的波动，就能够在股票市场里占有极大的优势。

巴菲特的投资对象

为了要让各位更具体地领会景气循环股所持有的特性，在此我们要简单介绍一下沃伦·巴菲特的投资方法。巴菲特光靠股市投资就赚进了总资产约3516.85亿元成为全球首富，是世界上少有的投资大师之一。

他的投资哲学是先找出好的股票，在股价相对便宜的时候大量买进，并且半永久性地持有的一种超长期投资方式。此种手法我们姑且称为“价值成长股投资法”。

巴菲特将企业划分为消费独占型企业和一般商品型企业两大类。

消费独占型企业，指的是企业所提供的产品或服务拥有强大的独占力。人们在日常生活中，不得不持续使用该企业的产品或服务，以美国而言，可口可乐、吉列公司、美国运通等企业就是属于此类。每一家公司都拥有强势且独到的产品或服务，同时具有极大的同业竞争优势。像这样提供具有不可替代性产品或服务的企业股票，巴菲特都会积极地大量收购。

另外，处于相对地位的就是一般商品型企业。一般商品，是指可以被其他公司产品所取代的一般性用品。举例来说，诸如半导体的动态随机存储器或不锈钢材料等皆属此类。也就是拥有高度品牌力的企业，用来制造产品时，所需使用的原物料和基础材料。

反巴菲特型投资

接下来，让我们列举几项巴菲特绝对不会当成投资对象的“一般商品型企业”的特征。

- □ 低销货毛利率
- □ 低股东权益报酬率（ROE）
- □ 低品牌价值
- □ 竞争同业众多
- □ 整体业界结构有生产过剩的倾向
- □ 获利不稳定
- □ 收益依存于设备稼动率

*引自玛丽·巴菲特写的《巴菲特法则实战分析》一书

这也正是景气循环股的产业特征——毛利率低、ROE 低、品牌价值低、竞争同业众多、整体业界结构倾向生产过剩，结果就是造成获利极不稳定。依据巴菲特选股基准来看，所有条件都刚好完全相反，分毫不差。

诸如此类的一般商品型企业的收益动向，受到景气变动的影响非常大。景气不好的话，整体业界也就跟着积弱不振，一直要等到整体产业景气回春之后，自己的公司才有可能雨露均沾。因此，这类型产业的企业收益，到头来还是仅仅取决于设备稼动率罢了。

设备稼动率，指的是企业的工厂所拥有的生产能力，即实际进行生产的比率。也就是说，相对于工厂的产能，到底有多少比例的机械设备在实际运转。满载生产的时候，当然是100%，但通常超过80%就可称为进入满载状态。一般认为此时企业的设备投资行为会比较活泼。

不过，因为不景气，工厂闲置下来，稼动率低落，降到60%甚至50%的时候，企业就会产生资金周转不足的风险。如果事态更趋严重，可能还会有倒闭的风险。

像这样高度依赖设备稼动率起伏的公司，巴菲特是绝对不会出手投资的。巴菲特绝不出手的公司就是这种一般商品型企业，属于景气循环股的企业大半也属于一般商品型企业，而景气循环投资策略就是专门以个股为投资对象。

只要设备稼动率上升，一般商品型企业的业绩就会增加，股价也就会自然上涨。两者之间的联动关系，几乎是平行而且没有时间差的。另外，这里提到的设备稼动率，完全受景气左右。先前我们虽然提到景气无法一眼看穿，但事实上，我们可以透过景气循环企业的股价变动来解读景气变化。

在景气产生变动时，立即针对与景气同步连动的产业股票进行买卖，这就是景气循环投资策略。巴菲特排除在投资对象外的一般商品型个股，我们反而会投以最大限度的重视。景气循环投资策略，应当可称之为反巴菲特型投资策略。

景气循环投资类股的分类

那么，景气循环投资类股包含哪些产业?

东京证券交易所将第一部上市的所有个股分类为 33 个类股（业种）群，其中再加上笔者个人的批注后如表 1－1 所示。

以这份股价现值结构比例来看，占日本市场约 14% 的电子机器类为最大宗，其次是银行业的 11%，再次是运输用机器的 9%，以此类推……表 1－1 就能让我们观察到许多现象。

其中“景气循环股”指的是左下方的一群类股。

景气循环股以化学为首，批发业（综合商社、专门商社）、钢铁、玻璃陶瓷制品、非铁金属，一直到矿业、纸浆·造纸为止共计 12 个业种。这些业种因为提供产业的基础原物料而被称为“原物料股”。

矿业以往是以煤炭公司为主，如今已经由石油或天然气钻探公司所取代。钢铁和非铁、海运类股，由于 2003—2004 年，中国和印度的崛起伴随而来的经济发展，带来收益飞跃般的成长，个个都在股票市场股价狂涨大发利市。这些被称为“金砖四国相关个股”“资源能源相关个股”，汇集了投资人的人气，形成风潮的企业实体，无一不是原物料股，也就是景气循环股。

景气循环投资策略是从这 12 个业种中占东证一部总值约 20% 的景气循环股里面挑选合适的投资标的。

表 1－1　东证一部的业种别股价现值结构比例

分类		业种	比例	公司数		业种	比例	公司数	分类	
高科技类股	1	电子机器	13.9%	164	1	陆运业	3.7%	35	狭义的内需	广义的内需
	2	运输用机器	8.6%	63	2	零售业	3.5%	141		
	3	信息·通信业	5.7%	96	3	其他制品	2.9%	47		
	4	机械	4.2%	123	4	不动产业	2.6%	55		
	5	精密机器	1.4%	23	5	建设业	1.7%	103		
景气循环类股	1	化学	5.3%	121	6	服务业	1.5%	96		
	2	批发业	5.0%	138	7	空运业	0.4%	4		
	3	钢铁	3.3%	35	8	仓储·运输相关	0.2%	19		
	4	玻璃陶瓷制品	1.1%	30	1	银行业	11.2%	84	金融	
	5	非铁金属	1.1%	26	2	保险业	2.7%	9		
	6	海运业	0.9%	10	3	证券·商品期货	1.6%	18		
	7	纺织纤维	0.8%	46	4	其他金融业	1.2%	30		
	8	石油化学制品	0.7%	11	1	电力·燃气业	4.8%	17	防御性产业	
	9	金属制品	0.5%	38	2	医药品	4.6%	33		
	10	橡胶制品	0.5%	12	3	食品业	3.3%	69		
	11	矿业	0.4%	6	4	农林·水产业	0.1%	5		
	12	纸浆·造纸	0.4%	12			100%	1719		

（2008年8月数据）

景气循环股的上方是“高科技股”，由电机、汽车及汽车零组件、信息·通信业、机械、精密机器所构成，能代表日本科技前沿的企业都集中在这一群类股中。高科技股属于外需产业，占东证一部的33.8%，也就是说这5个业种就占了日本市场整体的三分之一。

另外，表的右半部全都是内需类股。内需，就是不依赖出口，全都是国内需求的意思。内需产业又细分为好几类，首先最下方的四种属于防御性类股，由电力·燃气业、医药品、食品业、农林·水产业所构成。其上方的4个业种是金融类股，包含银行业、保险业、证券·商品期货及其他金融业（租赁、信用卡、消费者金融等非银行业）。

接下来是右上方的8个业种，也可说是由纯粹内需的陆运业、零售业、不动产业、建设业、服务业等行业构成。右半部的内需类股全部总值占东证一部总值近五成。以上就是目前日本市场的整体情形。

以类股来做决策的习惯

在这里要和各位分享笔者对于类股（业种）的一些看法。

投资人大致上可以分为两类，一类是法人投资人，另一类是个人投资人。

两者之间虽然有许多不同之处，但是最具决定性的差异就在于资金的来源。法人投资人的大前提是以专业的角度，运用他人提供的资金来进行投资。相对的，个人投资人则是以操作自己的资金，盈亏自负，依照自己偏好的形式来投资运用。这两者之间，很自然地会在投资模式和思考方向发展出不同的结果。举例来说，挑选标的个股的决策过程就很不一样。

策略师或者是证券分析师基本上都是以法人投资人为服务对象，以提供专业的意见或发表研究报告为职业。他们对于企业信息或经济状况、产业动向进行分析，提供信息时，重视的是类股。那是因为法人投资人不会只专注在单一的个股，而是以宏观的视野来选择投资标的，首要之务就是由观察类股表现开始。

东京证券交易所第一部有33种类股，每个类股都会公开“类股股价指数”。更将构成各类股的所有上市个股以“股价×股数”算出股价市值，全部个股合计之后就成为该类股的股价市值。

东证一部的股价市值以2008年8月的时间点来看，合计有271844.64亿元，市场规模仅次于纽约证交所，占全球第二。其中，法人投资人和基金经理人会以“电机类的股价现值占东证一部整体的14%，那么自己手上的基金组合相对于市场结构要进行加码，还是减码比较好呢……”这样的思维模式，一项一项去决定投资行为。

以金融业的圣地美国来说，策略师通常会在年初之际提出“今年标准普尔500指数会上涨20%”之类的市场预测，还会更进一步提示届时有机会上涨的潜力类股的相关见解。

此外，基金经理人还要决定加码或减码的比例，以及“在哪个国家、哪个地区要分配多少百分比?”等全球投资组合的决策。更甚之，类股要选哪一个？比重要放多少？科技类股该不该加码投资？银行类股要如何处理？等等，一项一项决定好之后，才会依据大趋势方向来挑选具体的个股。

个人投资者常见的个股筛选方式

那么，个人投资者的选股模式又是如何呢？当然并非所有人的模式都是一成不变，但基本上大多不怎么在意类股，反倒是有比较重视“题材”的倾向。

比方说，环保概念股或奥运概念股，然后是世足杯概念股……诸如此类。甚至还有“现在开始某某概念股一定要上涨了”这样的预期心理在里头。然而，像这样的选股方式持续下去，想必不可能会有多大的投资成果。原因有二，一是太过于把焦点放在“猜测什么股票会上涨”上面，二是“总是在追逐股价已经上涨的个股”。

股票市场中的股价，原则上来说总是要下跌的，只有“例外”才会上涨。既然股票市场的宿命终是要下跌的，那么一味追逐以“某某概念股”这样的模式上涨的个股来寻求获利，总要大失所望，最后想必只能抱着损失来收场。

某些概念股无法获利的理由

为了要让各位对于“股票市场中的股价，原则上来说总是要下跌”这样的事实能够有更深的认知，我们举一个简单的例子来做说明。

根据股价将来“会上涨还是下跌？届时是买进还是卖出？”的条件组合，我们可以搭配出四种可能性。

那么，就让我们一项一项来做分析确认。

表 1－2　预期将来股价会“上涨”的情形

投资人	行动	可能性	理由
·考虑买进的人 ·尚未拥有股票的人	BUY	△	·要去海外旅游？ ·不如存银行生利息？ →虽然可能有人会考虑买进，但也可能最后没有去买
·考虑卖出的人	SELL	×	预期会上涨，所以没有必要卖出，继续持有股票 →不采取任何行动

对于某一只个股的股价，大多数人都抱着“将来会上涨”的看法。那么他们届时会采取什么样的行动呢？

考虑买进的人，或是尚未拥有此股票的人，如果有钱说不定会买进这只股票。然而，有很多考虑买进的投资人，实际上，真正买进的可能性却不高。

为什么呢？因为他们有可能将资金用于海外旅游，或是干脆存银行生利息，或者考虑到大家此时都在抢进这只股票，反而趋于保留不出手了。总而言之，有些人确实会采取行动实际买进，但也有人按兵不动，其中的判断十分的“暧昧”。

另外，考虑卖出的人又是什么情形呢？以合理的行动来思考，没有人会把未来即将上涨的股票，在还没有起涨前就卖出。因此不需要急着把股票卖掉。也就是说，不采取行动的可能性很高。

表 1 – 3　预期将来股价会“下跌”的情形

投资人	行动	可能性	理由
· 考虑买进的人 · 尚未拥有股票的人	BUY	×	相信将来应该有机会以更低的价格买进 → 目前不采取任何行动
· 考虑卖出的人	SELL	○	股价下跌之后再卖出便毫无意义 →立刻卖出

反过来说，如果那只股票的股价，大多数的人都预期“将来会下跌”的时候会是什么情形呢?

和先前的例子相反，考虑买进的人，或是尚未拥有此股票的人，预期股价将来还会下跌变得更便宜，现阶段一定不会采取任何行动。预期股价会下跌依然出手买进的，应该只有极少部分的人。

那么，在此时考虑卖出股票的人，或是已经拥有这张股票的人又会有什么样的行动呢?这些人毋庸置疑地会立刻采取行动卖出。预期股价在不久的将来就要下跌却不卖出，实在不能说是一个合理的举动。

在股票市场中，如果单纯考虑需求与供给的关系，那买方和卖方采取行动的差异之处就显而易见了。以这个例子而言，股票的“买进”和“卖出”的可能性去除“×对×”，剩下来就是“○对△”的战争了。由动机的强烈程度来看，○（预期将来股价有可能会下跌的卖方）拥有最强烈的行动诱因。

于是乎，所谓的股票市场，原则上是一种由强烈的卖出意向所构成的市场，也可以说是一种具有习惯性下跌倾向的市场。

因此，在这样的心理结构的股票市场里，一味追逐以“某某概念股”这样的模式上涨的个股来寻求获利，当然不可能会有多大的投资成果。

股票市场反映了市场参加者的心理。与其说股票市场的特色是“买卖双方彼此较量何者较为强势”，倒不如说“造成卖方采取实际行动的诱因，总是比起买方的情形来得强烈”比较贴近事实。先前提到的例子，也只不过是强调心理和行动之间的关联性的案例罢了。

景气循环投资策略的有效性

那么，在股票市场里，什么样的投资策略才算有效？笔者认为要尽可能去探究以股票市场的原理原则为基础的投资法，才是成功的快捷方式，而这也就是本书所要阐释的“景气循环投资策略”。

对于股票市场的原理原则，也许每个人都各自有一套解释。在本书中是以“股价是反映景气的镜子”以及“股价会领先反映景气”作为思考的出发点。这两大原则对景气循环投资法来说，更是非常重要的理论核心，我们会在第一章第（三）项（第33页）再另外做详细解说。

在此我们先简单叙述景气循环投资策略的优点。

（1）不需烦恼选股问题。

投资人在股市投资中必须要自行决定的有“买卖什么股票”以及“何时买卖”。

关于何时买卖，可以借由技术分析指标来判断，同时也会因为不同的资金和性格而有不同的决定。

关于买卖什么股票，以景气循环投资的角度来看，从一开始就已经限定投资标的为景气循环股，相信选股时就不会造成过多的困惑。

（2）容易避开投资损失。

股市投资最大的课题就在于，如何将损失控制在相对较小的范围内。而这可以说是景气循环投资策略最大的好处所在。

股价会伴随着景气而产生变动，但要一眼就看穿景气的转换期却十分不容易。因此往往当你察觉到景气恶化的事实时，股价早已经大幅下跌，很容易陷入想卖也卖不掉的困境中。然而采取景气循环投资策略，可以相对提早发现到景气的变化，因此比较有机会事先采取适当的对策。只要损失不大，下一次股价上涨的波段就能一口气全部赚回来。

（3）常有意料之外的涨幅。

景气循环投资法的投资对象专门锁定化学、钢铁、非铁、石油等原物料产业。这些业界一旦遇上了景气的扩张期，就能接连出现股价狂涨的机会。一般要想找出股价上涨十倍的成长股，是非常困难的。不过景气循环业种出现飙股的频率却出人意料得多。

要想从头到尾赚尽整个上涨波段确实挺困难的，不过因为景气循环股一旦出现成长，通常有一大段相当程度的上涨幅度。因此在整个上涨波段中有获利的机会，相对来说是比较大的。

我们在这里简单叙述了景气循环投资策略的特征，后续在第二章的实践篇里会有更详尽的解说。就让我们先在理论层面对景气循环投资的全貌做一个清楚的认识吧。

重　点

何谓景气循环投资法？

◎不需烦恼选股问题

◎容易避开投资损失

◎常有意料之外的涨幅

（二）景气循环股的收益结构

股价的起伏会稍微领先景气，但基本上还是随着景气一起变动。在其中，景气循环股所属企业的股价，相较于一般个股，更加有保持领先变动的习性。

景气循环股的个股能够在股票市场保持领先性的最大理由，就是这些景气循环企业都是负责供应所有产业界需要的基础原物料的公司。因此，本项要带各位观察景气循环股的收益结构，来找出其与景气之间的关联性。

景气转换的征兆

首先，我们以景气的止跌回升（触底）为例子。

景气的止跌回升，通常在大家不知不觉中发生。无论你的信念怎么坚定，没有一个人可以毫不犹豫地大声说出："就在这一瞬间，景气触底了。不景气到今天为止，明天开始就要朝好景气迈进！"通常等实际感觉到"景气变好"，已经是好久之后的事情了。

在景气的底部，就连当事者都还不清楚状况如何的时候，完成品制造商就已经开始一点一点地增加采购基础原物料的订单。比方说，汽车制造商或家电制造商等生产最终产品的公司，开始会有采买塑料或钢板类等物料的动作。接着会促使石油化学公司开始采购轻油或乙烯等塑料的原料；钢铁公司开始采购铁矿石或焦炭等原料，层层影响朝上游扩大。

此时供给和需求的均衡朝需求端倾斜，对原物料产品的需求量随之增加。以整个社会的角度来看，整体对于基础原物料的需求逐渐增加，长久以来的景气低迷终于在此打上休止符，即将开始朝向好景气迈进。

当投资人对原物料制造商在景气复苏期能够率先恢复收益的期待越来越高时，股价自然就会抢先其他产业更早开始上涨了。

收益即为“营业额＝数量×单价”

景气循环股所属的企业，全都有“靠自己的力量难以改善收益”的企业体质。

重新检视制造工程、导入新技术来降低成本等，诸如此类靠企业自己就能够做的合理化管理，当然会持续努力进行。但是在收益的本质部分，则必须要等待汽车业或电机业这些其他产业完成品制造商的业绩复苏才行。也就是说，景气循环企业的营收成长与复苏，都绝对需要因人成事，让景气来扮演决定性的关键。

营收和获利的扩张，非得等待景气的止跌回升不可。反过来说，只要景气一旦进入衰退期，不管怎么努力，也很难期待企业收益会有什么利多出现。这就是原物料制造商的宿命。

近年来有越来越多的企业希望能摆脱因人成事的限制，企图达到以收益结构多角化、高附加价值化为目标。然而，只要本业占收益比重仍旧居高不下，终究还是要受到景气动向的左右。

收益的来源是营业额，股票市场里大多偏重以营业利益或经常利益来做收益计算，但其实计算收益最大的要素，除营业额外不作他想。而营业额可由产品数量和单价相乘计算出来。

营业额 = （产品的）数量 × （产品的）单价 ————①

只要有了这个公式，就能够说明景气循环业种大部分的收益结构。也就是说，什么样的状况会造成收益（营业额）增加或减少呢？既然公式是用乘法计算，因此等号右边的两项数值（数量、单价）各自有增减的时候，等号左边的营业额自然也会有增有减。

景气循环产业的股价，在该企业的营业额增加时会上涨。总而言之，要找出股价上涨的时机，只要掌握住数量增加的时候或是单价上升的时候即可。

这么一来，我们下一步应该要采取的行动就很清楚了。只要探究产品的“数量”会在什么样的情形下增加？而产品的“单价”又会在什么样的条件下上涨？如此掌握这两个变数即可。

由景气谷底的反转

这里我们以住友化学、三井化学等石油化学制造商的案例来做解说。

石油化学制造商将原油精制而成的轻油作为原料生产乙烯，再使用乙烯为原料生产聚乙烯（PE）、聚丙烯（PP）、聚苯乙烯（PS）等塑料制品。如今各家公司也已经分别展开液晶光学薄膜材料、高纯度化学药品、医疗用机器等各种多角化经营。我们在此为了单纯化起见，将石油化学制造商的产品限定为塑料制品，原料则限定为轻油（也就是原油）。

首先，当景气状况在不景气的谷底时，石油化学制造商的产能利用率落在极端的低点。虽然工厂的生产线勉强维持在50%左右的最低限度运转水平，但员工的工作时间产生空闲，甚至员工在工厂里拔草的景象还被媒体报道出来。制造完成的产品（塑料类制品）销售不佳，完全接不到订单，只能眼见库存量不断地向上攀升。

产品库存保管在仓库时，一般会发生保管费用和运输费用等，造成资金与利息的负担。也就是说，不光是营业额无法提升，还要再累计库存费用等支出，生产得越多，成本就增加得越多。如果状况更加恶化，工厂生产线有可能一部分，甚至全面停工，要是不景气演变为长期化，更有可能要面临工厂关闭的处境。

这个时期的景气循环企业，在经营面遭遇不知道明天该何去何从的状况，万一资金调度不顺利，就很有可能面临关门的隐忧。

供应基础原物料的景气循环产业，大多占据了一个国家的基础产业。任何一个国家在基础产业的经营危机浮出水面时，就国家层面而言，不可能会当作是单一企业个案的问题而坐视不管。因此，政府会开始以国家财政为力量，研拟景气对策出手救市，中央银行也会在金融政策面，开始摸索复苏景气的方案。

此时如果再辅以海外各国的景气好转等因素，发挥综合性作用，刺激社会经济活动，低迷的景气便能筑底转折上扬。

于是，原本被当作库存品的产品会最早开始活络。也就是说，公式①等号右边的“产品的数量”增加，营业额自然也跟着增加。此时我们可以说石油化学制造商的股价要从谷底开始反转向上了。

景气触底要事后才会知道

景气回春的第一只燕子，可以从景气循环股的股价反转中感觉得到，但社会上却还没能够意识到这样的变化。那是因为景气复苏不到相当的程度，就无法有实际的感受。在这个时间点，媒体上看到的大多还是“不景气的严重程度不断在加深”这类的报道。受到这样的报道影响，舆论也会不断发声，强烈的期待政府能提出更多的景气刺激政策。

包含经济学家和分析师在内，当统计数字尚未公开发表，手边还没有这类数据足以佐证的话，大多无法明确认定景气确实已经反转。没有佐证的判断充其量只会被当成臆测罢了。更何况石化业也好、钢铁业也好，景气循环企业的销售数量已有成长的统计数字，一般要经过一段时间后才会发表。然而就在这个时间当中，景气循环企业的股价早就已经明确地告诉我们景气已然反转。这就是景气循环股所特有的前瞻性与领先性。

景气复苏、触底反转的初期，即使股价已经开始反转，就连企业本身都还无法理解到这个事实。不过这个反转如果是真的，接下来石油化学制造商的产品（塑料类制品）卖给完成品制造商的订单就会不断增加。反映在公式①等号右边的“数量的增加”数值越大，以乘法计算出来的答案值

（营业额）也会越大。伴随而来的就是触底反转后的股价上升速度也会越来越快。

景气扩张即为“单价”的上升

不久，石油化学制造商过去储备的库存量全部去化完毕，为了要应付完成品制造商的订单，就必须要拉高工厂的设备稼动率。巴菲特绝对不会出手投资的一般商品型产业的典型收益增加阶段终于来到。只要景气持续复苏，设备稼动率就会不断地节节升高。届时因为供给和需求的相对关系，乘法公式①等号右边的“产品的单价”终于也开始上升。形成完成品制造商之间争相下单抢购数量有限的原物料的阶段。

由于公式①是以乘法计算，因此等号右边的产品、单价都一并上升的话，等号左边的营业额上升的速度就呈现飞跃般的增长。此时正是供应基础原物料的景气循环企业收益成长最快速的局势。

基础工业又称为市况产业。景气循环企业的产品价格因为需求的关系产生变动，因此企业业绩受到商品市况动向的影响也很大。以石油化学制造商为例，产品聚乙烯（PE）、聚氯乙烯（PVC）的价格（市况）高涨，因此收益也就不断升高。

不过先前的不景气时期，石油化学制造商已经进行过工厂关闭、设备报废等因应措施，造成现有的稼动率很快就会到达极限。维持接近100%的稼动率，加上日夜无休三班轮替持续地操作设备生产，只要些微的疏忽就很容易酿成大爆炸等生产安全事故。若是在不景气时期，员工有空闲的状况下，几乎不可能会发生任何工厂爆炸或火灾等事故。发生重大事故是一件很不幸的事情，但这也意味着景气循环产业的生产现场，持续地产能满载，已经达到极限的地步。

即使如此，完成品制造商的增产要求仍旧源源不绝。上游厂商已达100%稼动率的状态，对完成品制造商来说，就是原物料供应不足的状态。此时石油化学制造商就会面临是否要投资增加生产设备的重大决策。

只要斥资扩充产能，就能满足客户的订单需求。然而，好景气不会永远持续下去，谁也不敢说什么时候景气又要开始反转变坏。届时又会再次为了过剩的产能而伤脑筋。毕竟，因为扩充产能而导致公司经营产生重大危机的案例不胜枚举。

成本也会以“数量×单价”而紧追在后

当景气由复苏期进入扩张期之后，景气循环产业的收益（营业额）就会呈现飞跃般的增长。股价的上升曲线也会以陡峭之姿快速向上推升。然而，并非所有事情都是这么顺利的。此时会出现一个阻碍收益成长的因素。那就是成本的上升。

截至目前，关于企业的收益，我们只考虑营业额这一项，单纯月“收益的成长就是营业额成长”来考虑。这是因为当不景气刚开始由谷底反转上升的景气复苏期，一部分的供给可以由库存品支应，成本的增加幅度还不算太多的关系。

不过当景气由复苏期进入扩张期，甚至是长期持续成长的态势，原物料制造商的供给能力开始到达极限。于是，以石油化学制造商为例，诸如原油和轻油等这些因应生产塑料制品所需的原物料采购价格不断上涨，不景气时期无须考虑的原料采购成本逐渐增加，形成新的问题。关于此点，我们可以用以下公式表示。

营业额＝产品的数量 a × 产品的单价 d…………（一）

成　本＝原料的数量 b × 原料的单价 c…………（二）

利　润＝（一）－（二）…………（三）

营业额（一）是产品的数量 a 与产品的单价 d；成本（二）是原料的数量 b 与原料的单价 c 相乘之后计算得出，利润则是由营业额（一）与成本（二）相减之后计算得出。也就是说，构成收益的要素（变量），由以往的两项增加为四项。

首先，当景气由底部向上回升的阶段，数量 a 会率先开始增加。股票市场对于这个变化也会率先反应，景气循环股的股价会渐渐地触底反转。当景气持续扩张，石油化学制造商的库存量全数去化完毕后，此时会开始增加原油或轻油等原料的进口量，进入塑胶制品的增产体制。原油和轻油的进口增加，也就代表了成本部分的数量 b 增加。

在这个时间点，因为景气复苏所导致的数量 a 仍然持续增加，因此“营业额（一）－成本（二）＝利润”所求得的公式（三）来看，利润仍然持续增加。

成本的增加率会超过营业额的成长率

当景气进入扩张期，而且长期持续下去时，原油等原料的买卖增加，接着就促使原油价格上涨。截至目前的景气与股价的关系将进入一个全新的阶段。原油价格的上涨就意味着成本的单价 c 上涨，这样的情形持续下去，迟早成本（二）增加的部分会超过营业额（一）增加的部分。

景气由复苏期进入扩张期，这样的情形持续一段时间并到达某一阶段后，成本增加的比例就会超越营业额增加的比例。此时就算收益还在增长，也会直接面临收益率（利益率）恶化的事态。如此一来，石油化学制造商的股价上涨就会在某一个时间点停滞不前，进而形成头部。“明明景气还不错，怎么景气循环股的股价却都已经形成头部了?”，其实这也是景气循环股所特有的领先性的另一种体现。

石油化学制造商的收益率要想保持居高不坠，即使景气进入扩张期也想要从头到尾维持高获利，那就必须要设法提高代表营业额的公式（一）等号右边的单价 d。这就是我们下面要谈的重点。

价格变化存在的两面性

现在让我们将前面所述做个整理，同时考虑景气循环股的股价、景气循环股的收益性及景气的变化这三项要素。

想要将景气循环股的股价，以及收益的变动，与景气的变化一并综合起来理解，就务必要先理解构成收益的四个要素（产品的数量与单价、原料的数量与单价）。它是以“数量 a→数量 b→单价 c→单价 d”为顺序，依序产生变动（这个顺序非常重要）。

同时，也必须要对价格的变化里存在的两面性有所认知才行。这是因为成本（二）的单价 c 的变化和营业额（一）的单价 d 的变化，虽然两者同样是“单价”，但决定价格的机制却是截然不同的。

成本（二）等号右边的单价 c，主要是在交易市场中基于供给与需求的关系来决定价格。这点只要思考一下石油化学如轻油、原油等原料价格的起伏，相信很快就能够理解。进而言之，这个价格也就等同于每天在交易市场里，被市场所决定出的市况本身。这也是原物料制造商之所以又被称为市况产业的原因之一。

相对于此，营业额（一）等号右边的产品单价 d，就不一定是受市况左右来决定价格。这里的单价会因为每件个案的契约内容与交涉结果，而各有不同的定价方式。石油化学制造商的塑料类制品等产品贩卖单价，会与食品制造商、个人计算机制造商或是汽车制造商等销售对象个别交涉后，分别决定出不同的价格。而且会以每三个月一次、每半年一次或是每年一次，间隔一定时间来议定价格。

这就是景气循环股的收益结构中所特有的价格两面性。也就是说，决定成本的单价 c，是每天配合市场行情，几乎实时性的产生价格变化，而决定营业额的单价 d，却是以效期有一定时间的契约来做规范。这样的结果，自然就会产生这两种单价的时间差与价格差，而这也会或多或少的影响到景气循环股的收益变化与股价的变动。

只要经济持续处于扩张期，基于供给与需求关系的原料价格就会持续上涨。如果在这期间，原物料制造商与完成品制造商之间提高销售价格的交涉成功，股票市场就会对其利益率的改善有所期待，进而带动股价朝正向发展。反过来说，如果提高销售价格的交涉失败，就无法期待收益性能有所改善，即使是身处好景气，股价仍然无法成长，最后甚至还可能会反转下跌。

营业额变化的八个阶段

前面所述之景气与股价的周期性变动，在这里我们以示意图为辅助，来做更深入的探讨。

景气循环股的收益与股价的变动，可以分解成八种周期性的阶段，分别是：谷底、复苏、扩张、过热、高原、衰退、萧条和黎明前。表1－4是将“营业额＝数量×单价”依照八个不同阶段分解后呈现。①～⑧的号码，与图1－2的景气变动示意图互相呼应。那么，我们就和前面一样，以石油化学产业为例来做说明。

表1－4　景气与股价的循环表

	营业额	＝	数量	×	价格	备考
①	⇨	＝	⇨	×	⇨	谷底
②	⬆	＝	⬆	×	⇨	复苏
③	⬆	＝	⬆	×	⬆	扩张
④	⬆	＝	⇨	×	⬆	过热
⑤	⇨	＝	⇨	×	⇨	高原
⑥	⬇	＝	⬇	×	⬇	衰退
⑦	⬇	＝	⬇	×	⬇	萧条
⑧	⬇	＝	⇨	×	⇨	黎明前
①	⇨	＝	⇨	×	⇨	谷底

【谷底】

表中的①代表的是景气的谷底，或是景气正要开始变动的前夕。以石油化学产业来说，塑料制品出货、生产的数量完全没有增长，价格也没有变化，伴随着收益低调，股价也持续低迷。

此时如果政府提出某些经济对策，或是海外市场开始有所动作，周期的动向就会产生变化。

【复苏】

景气复苏一开始在②的初期阶段，原物料制造商会先以公司内部所持有的库存量，来供应景气变动初期的需求量。在此一阶段，统计数据尚未出炉，还无法确认具体的数量变化。然而，在看不见的地方，塑胶制品的出货数量已经开始增加。

这个数量的增长，结果会造成营业额的增加，股价也会稍稍地开始上涨（变动示意图中由①往②移动时）。虽然非常不容易察觉出来，不过景气在此时已然触底。

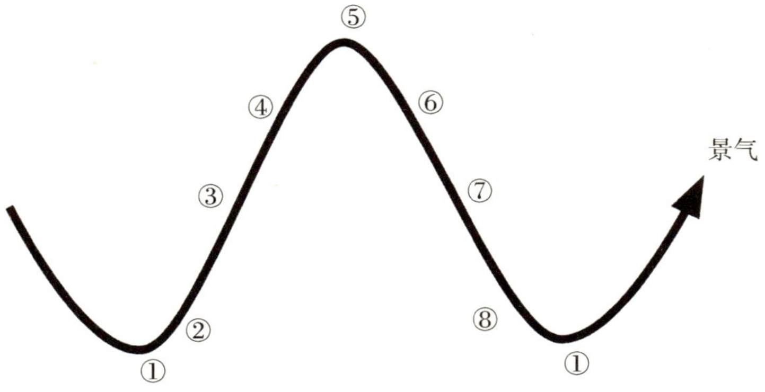

图 1－2　景气变动示意图

【扩张】

当经济活动进一步加温，原材料制造商当初只要抛出库存量，即可足够应付需求，如今库存量已经赶不上需求量的增长，而逐渐增加生产量。景气增长力道越是增加，终端产品的价格越会因为供给与需求之间的关系也开始上涨。如此一来，就形成塑料制品的出货量增加，价格也上涨的阶段，营业额也会加速度般的向上增长。在③的阶段，大家开始意识到景气大好，此时开始有“景气扩张”的说法出现。

同时间紧接而来的原物料成本价格上涨问题，迟早会显现在原物料制造商对完成品制造商之间的价格交涉中，若是成功提高交货价格，成本将转嫁给完成品制造商。当这样的状况长久持续下去，就会形成景气扩张的长期化。此时景气循环股的设备稼动率便会急速攀高，对所有的基础工业型产业来说，最有利的经营环境已经来到。

【过热】

当景气持续好转，就会由复苏、扩张进一步进入过热的阶段。单价上涨过高，找不到买主，而造成出货量的增长呈现出钝化。此时不管是谁都看得出来景气大好，但事实上完成品制造商已经因为原物料价格过于高昂，而开始减少采购数量。

这个时候，塑料制品的出货量终于开始横向持平发展，但价格涨势尚未停歇而持续上扬。于是，即便数量没有增长，因为单价的提高，营业额还是会向上增长。

这种状态不可能会长久持续下去。到达④的阶段，景气和股价已经是不管什么时候会形成头部也不奇怪的情况。但社会上依旧被“景气扩张仍然会持续一阵子”这样的看法所支配。

【高原】

这样的情况进一步发展下去，数量无法增加，价格早晚也会形成头部。这就是景气的顶峰。原物料制造商的设备稼动率提升到极限，另外，完成品制造商的需求却逐渐在减少。到最后，数量、价格终于都停止成长。到了第⑤阶段，营业额的增长也告一段落。

景气已经来到重大的转折点，不过能够察觉到这个状态的人却少之又少，大家都还一厢情愿地打从心底相信“好景气还会持续下去”。然而到达这个状态后，已经无法期待景气循环企业的股价再有上涨的空间了。

【衰退】

经济无法长期停滞在⑤的阶段。完成品制造商会因为原物料价格高涨而降低生产量，接着就是减少原物料采购量，甚至取消订单，造成原物料制造商的出货数量反转向下。一旦出货数量开始减少，连带着营业额也会开始减少。

景气循环股的股价，由⑥开始走下坡进入下跌趋势。然而反映景气衰退此一事实的统计数据，却还要等好一阵子之后才得以确认。不过我们可以借由景气循环股的营业额和股价的领先性来掌握此一脉动。

即便面临下单量减少，位处供应端的景气循环企业的工厂却因扩充产能，为了要维持稼动率，就无法轻易地压低产品的出货量。

以塑料制品来说，为了因应增产体制而准备的原油、轻油等原料的采购作业已经完成，陆陆续续就要运抵工厂。再加上还有制程中的在制品，万一客户取消订单，一瞬间就会面临工厂的库存量增加、保管费用增加、出货量低迷、稼动率遽减等一连串问题，造成企业经营的齿轮急速地朝反方向急转的情形。

【萧条】

到此时价格终究也得开始下跌。产品的数量、价格都下挫，营业额自然也只有下滑一途。事到如今，再无挽回的余地，好景气终将成过去式。

⑦的阶段，与数量、价格都呈现增长的③的阶段正好相反，数量、价格都呈现下跌。以图表看来，只是箭头方向正好相反而已，实际上在市场经济里，事情并没有那么单纯。

③的阶段位在景气正要朝向扩张期迈进的成长曲线中央，相较于急速增加的需求量，生产设备出现无法充分因应的现象。订单蜂拥而上，争相抢夺数量不多的产能，造成价格超涨的情形。不过原物料制造商即使必须不断地满载生产，依然可以在某种程度上控制供给量的多寡。

但⑦的阶段是处于为了解决稼动率、产能满载，而增加了许多生产设备的状态。就算设备闲置下来，也会产生相当的费用，不过能够接到的订单数量却大幅减少，和过去完全无法比较。为了要确保经济效益的生产量，就必须进一步增加供给量，但这也导致价格下滑更加严重。当这种情形持续到某一个时间点，贩卖价格就会跌破生产成本，生产越多赤字就扩大得越快。

也就是说，③的阶段属于原物料供货商还可以在某种程度控制数量和价格的状态，而⑦的阶段则是处于几乎完全无法掌控的情况。

更需要注意的是，景气的“扩张”和“衰退”在进展速度上也是完全不同的。由扩张阶段的③进展到④比较起来还算缓和，但是陷入不景气状态的衰退⑥到萧条⑦的进展，在一瞬间就完成了。

股票市场也可以经常看到这样情形，股价上涨到某个幅度需要耗费的时间，和下跌到同样幅度所花去的时间来作比较，通常都是下跌的速度要远快于上涨的速度。现实的经济也是一样，每个人都急着想要抢先一步逃离悲惨的局势，也难怪不管在任何时候，衰退期的下跌速度都是如此猛烈了。

【黎明前】

接下来，虽然出货数量已经压低到不能再低的底线，但是价格的跌势未止，还在持续下滑。然而这个阶段并不会维持太长的时间，迟早产品的供给过剩会得到解决，一方面，大幅下跌过后的价格又重新让人感觉价格合理，买家便会慢慢地回过头来采购。于是数量、价格两者都筑底成功，此时价格不再继续下滑，接着又回到①的阶段，也就是不景气到达谷底的状态。到此为止，一个大型的景气周期宣告完成。

像这样由①~⑧各阶段周而复始的周期关系，正是所谓的景气循环，同时也是景气循环股的股价变动特征。也就是说，营业额（收益）的变化可以分解成数量的变化和价格的变化两方面来思考，最初数量先产生变化，接着价格产生变化。景气循环股的股价变动，在数量产生变化的阶段就会开始变动，而这也是为什么我们能够借以领先看出景气或营业额变化的道理所在。

重点在于数量和价格的变化，这也是景气循环股的关键。其他不管是电机或汽车等外需类股，或是银行、不动产、零售等内需类股，都不如景气循环股在景气与股价的周期性上有如此明显的关联。

重　点

景气循环股的收益结构

◎景气循环业种的收益为“营业额＝数量×单价”

◎数量先产生变化，接着价格产生变化

◎好景气持续下去，成本也跟着追上来

◎收益和成本的单价有其两面性

（三）股票市场的两大原则

股市投资很困难

这里我们要改变一下观点，谈谈笔者对于股市投资整体的想法。人们常说股市投资是人类所发明出来的比较困难的游戏之一，要想在其中获得胜利不是一件简单的事情。

不过，到底为什么这么困难呢？

首先，“预测企业的未来”是一件难事。再者，控制“想要赚大钱的欲望和恐惧”这种属于人类本能的部分，也非常困难。还有一个，股市投资在本质上需要有高瞻远瞩看透经济的动向，进而提前采取行动的能力，这是最艰难却也是最基本的要求。换言之，股市投资经常要与“以人心为赌注对象”这样的困难为伍。

人们对于分析师与经济学家，这些被称之为“专家”的意见总是失准、根本靠不住的批评时有所闻。这些话听在笔者耳中虽然感觉到刺耳，但也可见即使是职业的经济学者或是分析师，也很难正确地预测将来的经济和景气的动向。一个国家的经济活动也就是该国人民的心理集合体，要想预测这个集合体未来的动向，只凭借着一般程度的努力是无法成功的。不过，股票市场就是要求各位去做这样的预测。

那么，要怎么做才好呢?

当我们需要针对某件不甚明了的事物，做出某种程度的推估，最有效的就是依靠过去的经验和记忆，这在股市投资也是一样的。光是推估经济的未来走向这一点，就非常依赖过去的经验。不管时代怎么变迁，人类的活动大多和过往的模式大同小异。很多时候都是以某种形式不断地重复和过去同样的作为。

过去的历史一而再，再而三，不断重复同样的现象，时间轴有可能是半年、五年或更久的时间。景气循环投资的理论根基以及原点，就是要利用这个特征来掌握经济活动的周期性变动。

可以看出景气周期的期间

所谓“股市行情即为一连串记忆的游戏”，代表的就是“历史会一再重演”这个事实。活用过去的经验（记忆）来预测将来有可能出现的情况，就如同我们在日常生活中经常使用，但不会特别去意识到的人与人之间的处世方式一样。笔者认为可以将这套学问直接运用在股市投资上面。

为了要达到这个目标，最重要的便是要熟知过去的经济活动。

知道过去的经济活动，也就等于掌握了景气的高峰与谷底（一个完整的循环周期）的感觉。

要想掌握这种感觉，最理想的就是亲身经历过两次景气循环。一个完整的景气循环，经济是由高峰开始走下坡，到达谷底后再次浮上到达高峰来完成一个周期。

一共要经历过两个这样的周期，第三个周期以后的循环，才终于可以真正开始应用截至目前亲身体验学习到的知识。而且，此时也才第一次学习到如何以景气变动的角度和模式为基础来观察股票市场。这一连串学习的过程或许需要较长的时间，但这是最好的方法。

这里所说的景气变动，可以由日本内阁府所发表的“景气基准日”来确认（请参考表1－5）。2008年8月，景气正处于第14次循环之中，而这波循环由2002年1月开始至今已经长达70个月的战后最长的景气扩张期。股市投资就是要活用景气循环的这个阶段（不过看起来高峰期似乎已经在2007年后半年形成了）。

顺带一提，以过去13次的景气循环节奏来计算的话，相当于好景气的“扩张期”平均有33.1个月（约三年），另外相当于不景气的“衰退期”有17.2个月（一年半），双方合计起来，景气的一个周期平均约40.3个月（四年多）。经济就是花了这么多的时间由谷底→高峰→谷底来形成一个循环，然后再移动到下一个循环的开始。

要经历两个这样的景气循环，以一个循环四年多来说，两倍的时间就等于七年至八年，有时候甚至需要十年的时间。而且就算经历过两个循环之后，也仅代表刚站上了起跑点而已。一直要到第三个循环的时候，将其经验和知识充分活用，才能算真正学会了一个全新的市场观点。

表 1-5　景气基准日（战后）

	谷底	高峰	谷底	期间		
				扩张	衰退	全循环
第 1 循环		1951 年 6 月	1951 年 10 月		4 个月	
第 2 循环	1951 年 10 月	1954 年 1 月	1954 年 11 月	27 个月	10 个月	37 个月
第 3 循环	1954 年 11 月	1957 年 6 月	1958 年 11 月	31 个月	12 个月	43 个月
第 4 循环	1958 年 6 月	1961 年 12 月	1962 年 10 月	42 个月	10 个月	52 个月
第 5 循环	1952 年 10 月	1964 年 10 月	1965 年 10 月	24 个月	12 个月	36 个月
第 6 循环	1956 年 10 月	1970 年 7 月	1971 年 12 月	57 个月	17 个月	74 个月
第 7 循环	1971 年 12 月	1973 年 11 月	1975 年 3 月	23 个月	16 个月	39 个月
第 8 循环	1975 年 3 月	1977 年 1 月	1977 年 10 月	22 个月	9 个月	31 个月
第 9 循环	1977 年 10 月	1980 年 2 月	1983 年 2 月	28 个月	36 个月	64 个月
第 10 循环	1983 年 2 月	1985 年 6 月	1986 年 11 月	28 个月	17 个月	45 个月
第 11 循环	1986 年 11 月	1991 年 2 月	1993 年 10 月	51 个月	32 个月	83 个月
第 12 循环	1993 年 10 月	1997 年 5 月	1999 年 1 月	43 个月	20 个月	63 个月
第 13 循环	1999 年 1 月	2000 年 11 月	2002 年 1 月	22 个月	14 个月	36 个月
第 14 循环	2002 年 1 月	2007 年 12 月		70 个月以上		

总归一句话，股市投资必须要有一段时间的学习。景气循环投资策略需要活用过去发生过的历史，经验的累积是必要且不可或缺的。更甚之，

笔者认为包含高科技股和银行股投资在内的股市投资，全部都少不了经验的累积。股票市场周期性变动的特性，需要借由经验才能指引出来，而这更是景气循环投资得以成功的关键。

股票市场的大原则

除了将基于过往经验延伸出的景气循环策略运用在股票市场，另一项同样重要的就是自古以来便存在于股票市场的两大原则的活用。依据这两大原则来思考判断，就能让股票市场基本的变动原理更加明确，在投资方面应该也就能减少错误的发生。

股市投资和景气变动之间存在的两大原则：

（1）股价是反映景气的镜子。

（2）股价会领先景气。

相信只要在股票市场投资的人，一定都听说过这两句话吧。正因为这两个原则众所周知，反而会因为过于理所当然而容易被忽略。不过想要在股票市场存活下来，而且还要持续在股市投资上取得胜利的话，那就不能不对这两个大原则做深入的理解。身为投资人，实在有必要时常回顾这两大原则，并且重新审视这两者之间的关联性。

那么就让我们马上根据这两大原则，来讨论市场的动向吧。请参考图1－3。这是将景气和股价的循环关系，以图表的方式加以呈现。（这里所说的股价，指的是日经平均指数的股价指针。）

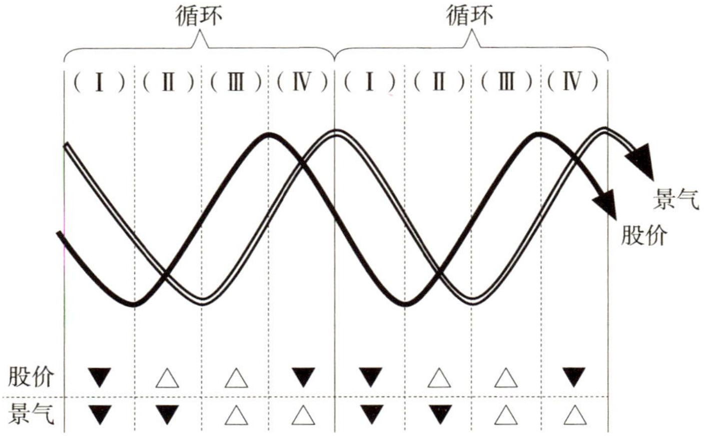

图1－3　景气与股价的四个阶段分析

一个循环大致又可分为四个阶段，在其中股价和景气的动向存在有些微的差距。

股票市场是反映景气的镜子，当经济呈现上升趋势时，股价也会处在上涨的阶段，如同（Ⅲ），反过来说，当经济呈现下滑趋势时，股价也会处在下跌的阶段，如同（Ⅰ）。

如同（Ⅲ），股价和景气都在上升的阶段时，市场上几乎所有的个股都会上涨，反过来像是（Ⅰ），股价和景气在下跌的阶段时，几乎所有的个股都会下跌。

也许各位会感到有些意外，几乎所有个股都会有上涨或下跌的阶段，在一个景气循环中，一定都会各出现一次。为什么呢？因为股价是反映景气的镜子。

在这里重要的是几乎所有的个股都会一起朝同一方向变动。像（Ⅰ）那样景气恶化的阶段，不管业绩和财务内容如何、基本面表现再怎么亮眼的绩优个股，股价想要背离整体市场的动向逆势上涨也很困难。反过来说，就算在基本面上多少有些不尽理想之处，适逢阶段（Ⅲ），只要景气好，股价就会跟着上涨的案例也时有所闻。这就告诉我们，在股市投资当中，景气的方向性比其他任何因素都还来得重要。换言之，就是要在这样的景气阶段，股票市场才会有赚大钱的机会。

是否只要完全照着景气的动向去买卖股票，就能够无往不利呢？事实上并非如此。为什么呢？因为还有第二原则“股价会领先景气”这个特性存在。这个原则尤其会在股价的头部和底部发挥强大的作用。

这里说的率先反映性（领先性），指的是股价的谷底会比景气的谷底还要提早出现阶段（Ⅱ），同样地，股价的高峰也会比景气的高峰更早来访阶段（Ⅳ）。

股价会抢先反映经济的动向这个现象，在很久以前就被指出的事实，甚至年代久远到现在几乎没有人会再去关注这个原则。然而以这个第二原则为特征而形成的股价的特有动向，可以说正是股市投资之所以困难重重的最大根源。到底为什么呢？就让我们针对其中的含义再深入探讨一番吧。

以两大原则来看股价和景气的循环

让我们来跟着图 1－3 的四个阶段分析，依序探讨其中的含义。

首先是阶段（Ⅰ）。在这里股价和景气都同时下跌。因为社会不景气，所以股价也跟着下跌，这就是所谓的不景气中的股票下跌。在这个阶段中，不管任何个股，在任何时间点买进，股价都还会继续下跌造成亏损，也就是整个大盘都处于空头市场。信用交易的买方，账面亏损将会持续扩大到负20%左右，社会大众都对股票投资退避三舍。

不过，当大家都有“景气不好，所以股价下跌”这样认知的时候，投资人的亏损反而没有想象中那么大。为什么呢？因为大家都有景气不好的共识，自然会对股票投资采取更稳健的策略。真正会造成损失的是“景气明明不错，却只有股价在下跌”的阶段（Ⅳ），这点后面会再详述。

阶段（Ⅰ）中，景气既然不好，那么就干脆暂时停止股票投资。这样的气氛会造成卖方力道强劲，市场上的投资人要不就是不买股票，要不就是借由放空交易来获取利益，抑或是将资金流向债券投资市场。

其次是阶段（Ⅱ）。景气明明还处于不佳的状态下，股价却发挥其领先性率先开始上涨。这就是有名的“不景气中的股票上涨”现象。

举例来说，1999年突然兴起了一场科技股大多头。这个时候其实前些年发生的亚洲金融风暴，以及俄国的卢布危机都还在疗伤阶段，全世界都还处于不景气的正中央。而在其中以软件银行（Soft Bank）为中心，一部分的股价却已经率先开始上涨了。

在这个阶段，任谁都还对于股价的上涨半信半疑，甚至只要一有反弹马上就卖出的气氛还很浓厚，大家都不相信股价会反转上涨。毕竟，实际的景气还处于下跌趋势的状态中，只有股价发挥领先性已然反转向上。

其后到达阶段（Ⅲ），这和阶段（Ⅰ）正好是趋势相反的阶段。此时股价和景气都同步上涨。这是因为经济状况良好，作为镜子的股价也随之上涨。在这个时期，不管买什么股票都会赚钱，可以说是多头市场，就连和景气扩张没什么关系的小型个股，或是新兴市场刚上市的企业，股价也是不断向上飙升。

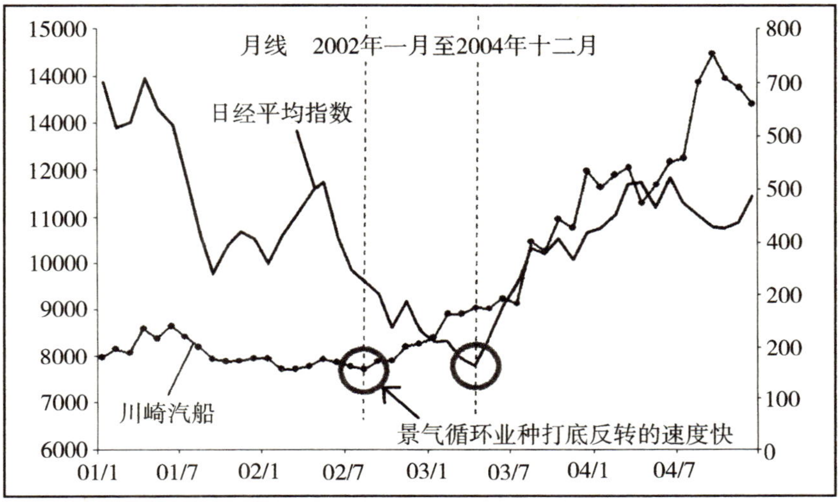

图 1-4　日经平均指数/川崎汽船（9107）

拿最近的例子来说，2004—2005 年就属于这样的阶段。这个时候阐述股票投资成功秘诀的书籍大量出版，在书店里随处可见。阶段（Ⅲ）和阶段（Ⅰ）虽然方向性正好相反，但以现象来说，同样是体现“股价是反映景气的镜子”的时期。

最后是阶段（Ⅳ）和阶段（Ⅱ）之间属于正好颠倒的关系，景气明明不错股价却在下跌，这是最难操作的阶段。报纸、电视等媒体，还有分析师和经济学者依旧抱着“景气很好”的正面看法。投资人自己也实际感觉“景气不错”，但是股价就是处于下跌的状态。这是因为股价率先反映“景气即将变坏”这样的趋势，开始领先下跌。这种情形正好反映出“股价会领先景气”这个原则。

明明感觉景气还不错，难免对眼前股价下挫的新状况一下子难以置信，此时是最容易做出投资误判的阶段。每当股价一下跌，就自以为应该加码摊平，重复操作几次后，亏损就不断地扩大。

在底部的阶段（Ⅱ）是如此，位在头部的阶段（Ⅳ）也是一样，当直接面临转折点的时候，当下没有任何根据可以让我们理解为什么只有股价发生反转。一直要到事过境迁后，才终于明白原来当时股价已经触底，或是形成头部了。

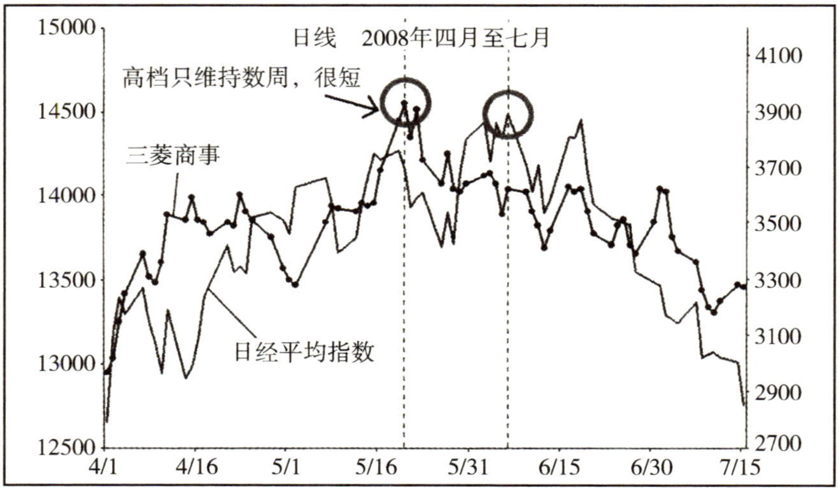

图1－5　日经平均指数/三菱商事（8058）

以四种阶段来看买卖的时机

阶段（Ⅰ）与阶段（Ⅲ）、阶段（Ⅱ）与阶段（Ⅳ）除了方向性正好相反之外，其余之处非常相似。此外，我们也了解到阶段（Ⅰ）与阶段（Ⅲ）这一组，和阶段（Ⅱ）与阶段（Ⅳ）这一组分别是依照完全不同的行动原理来产生变动。也就是说，之前提到的两大原则“股价是反映景气的镜子”与“股价会领先景气”，会使股价呈现出完全不一样的变动模式。阶段（Ⅰ）与阶段（Ⅲ）是“股价≠景气”这是非常真实且直接反映的状态。相对于此，阶段（Ⅱ）与阶段（Ⅳ）则是“股价≠景气”，这种像是喜欢与人作对的完全相反的表现。

那么，存在于一个景气循环中的这四个阶段里，到底什么时候才是股票的买点呢？不用说，当然是阶段（Ⅲ）了。因此股票投资成功的重点就在于“如何找出阶段（Ⅲ）”。

反过来说，最容易造成损失的阶段是什么时候呢？

那就是由多头市场反转向下的阶段（Ⅳ）。在这里景气明明不坏，股价却呈现下跌的状况。如果再加上先前阶段（Ⅲ）景气大好，不管是谁都能够赚到钱的大多头市场状态持续越久，就越容易成为后续发生亏损的伏笔。

景气扩张的时间越长，阶段（Ⅲ）跨越的时间也越长。可能会因为其惯性法则而延迟察觉景气的转换，产生以为现在还处于阶段（Ⅲ）的过程中的错觉，便很容易造成损失扩大。这就是阶段（Ⅳ）的恐怖之处。

阶段（Ⅲ）与阶段（Ⅳ）决定命运走向

在持续多头行情的阶段（Ⅲ）中，整体市场行情强力上扬，就算难以决定个股标的，但基本上还是很容易获利。只要以回档摊平的要领，重复进行“股价下跌就加码买进”的操作，就能取得预期中的利润。然而，大行情不会永远持续下去。股价迟早有一天会形成头部，进入下跌阶段（Ⅳ）。此时如果还是和阶级（Ⅲ）一样，重复进行“股价下跌就加码买进”的操作，就会面临股价不断下跌一去不回头，只有亏损持续扩大，以致演变成股票套牢、惨赔的悲惨结局。

之所以难以判断目前究竟身处哪个阶段，原因在于“明明景气大好，却只有股价下跌”这种现象。整体市场趋势已经开始走空，但几乎所有的投资人都没有察觉这个状况，而这正是阶段（Ⅲ）转变为阶段（Ⅳ）的过渡时期的特征。

最容易赚钱的是阶段（Ⅲ），最容易亏损的是阶段（Ⅳ）；阶段（Ⅲ）是“景气大好所以股价全面上涨”，相对的阶段（Ⅳ）是“明明景气大好，却只有股价下跌”。同样是身处景气大好的背景，却只有股价的动向不同，这可以说是股市投资最困难的地方了。紧跟在最容易赚钱的趋势后面，竟然就是最容易亏损的状况。而这两者之间的转折点，在大家都还没有察觉之前就已经到来了。

当景气看起来还在活跃的状态，社会大众也都普遍认同“目前景气大好”这样的论调，要凭自己一个人去判断阶段（Ⅳ）是否已经到来是极为困难的事。明明已经进入阶段（Ⅳ），却还一味依循景气好所以要多买股票这样的想法去操作的话，只会越来越深入泥沼。讽刺的是，越是热心研究的投资人，越是容易在阶段（Ⅳ）形成亏损。

日本股票市场在战后曾经有过4次大多头行情，分别是：日本昭和36年（1961年）行情、日本昭和47年（1972年）行情、被称之为泡沫经济的平成元年（1989年）行情和2000年短命的科技股行情。这些历史上的大行情，每一场都是以当时大好的景气为背景，出现股价狂涨的情形。而且，其后随之而来的也都是急剧的景气衰退，造成股价暴跌的情形。

只要在大多头行情顺势操作，任谁都能赚到钱，但这也只限于阶段（Ⅲ）。如果一直被此时的成功经验冲昏头，不懂得变通的话，等到发展至阶段（Ⅳ），很有可能一下子就将过去累积到手的获利全部回吐出去。这就是股票市场兼具领先景气的特性，所形成自相矛盾，似非而是的悖论。

只要看技术分析的线形就能马上了解股价的高峰在哪里。但景气的高峰不到事过境迁之后无从判断。股价和景气的关系实在深不可测。

著名的投资家约翰·坦伯顿有一句投资名言“多头市场总是在悲观中诞生，在怀疑中成长，在乐观中成熟，在陶醉中死亡”，十分贴切地说明了景气和股价之间的关联性。也就是说，多头市场总是在阶段（Ⅱ）绝望般的状况中诞生，在人们对其抱以怀疑态度之中成长，到了阶段（Ⅲ）在好景气与乐观论充斥之中成熟，最后在阶段（Ⅳ）中伴随着绝顶幸福的陶醉感中死亡。

决定投资人生死的关键点

只有一个方法能够避开这一连串成功与失败的轮回。最重要的关键就在于如何有技巧地掌握“阶段（Ⅲ）好景气中的股价上涨”，如何第一时间逃脱“阶段（Ⅳ）好景气中的股价下跌”这一点上。而要判断阶段（Ⅲ）是否已经转换至阶段（Ⅳ），最有效的就是观察景气循环业种的股价动向。

景气循环业种在所有股票当中，股价最为敏感反映景气动向而产生变化。当景气进入打底阶段时会抢先打底反弹，到达头部时又是第一个形成高峰。经济上的统计数据怎么也追不上景气循环股的领先性，比起日经平均指数等股价指数还要更早更快地反映景气。由阶段（Ⅲ）到阶段（Ⅳ）的转折点，对投资人来说可以说是决定生死的关键点，在这个时候除了景气循环股的股价之外，再没有其他可供判断阶段转换的参考。只要景气循环股的股价开始下跌，就应该要做出已经由阶段（Ⅲ）转换到阶段（Ⅳ）的判断。这点是非常重要的关键点。

景气循环个股的变动特性

要想避开亏损，就得要如前所述，在第一时间找出由阶段（Ⅲ）到阶段（Ⅳ）的转折点，而此时应该要活用的就是景气循环股的股价动向。那么，在这里我们就针对景气循环股的股价变动特性做更详尽的说明。

面对“景气到底是什么?”这个难以回答的问题，我们在第一章第一项提到可以将其理解为“景气就是企业的业绩”。只要企业经营活跃，员工的薪资及奖金会提升，人才引进的需求会增加，新产品也会问世，这些都会进一步刺激消费者的消费活动。而这些企业的业绩基础在于营业额，营业额增加之后，企业的获利才会跟着提升。企业的股价则会敏感察觉营业额（利润）的变化，随之连动产生变化。

景气循环业种的股价变动就是营业额的变化。景气循环业种独特的收益提升方式，和景气的循环性变化有着密不可分的关联。我们再看一次根据“营业额 = 数量 × 价格”所列举出来的 8 个阶段。

表 1-6　股价变动 8 个阶段

	营业额	=	数量	×	价格	备考
①	→	=	→	×	→	谷底
②	⬆	=	⬆	×	⇨	复苏
③	⬆	=	⬆	×	⬆	扩张
④	⬆	=	⇨	×	⬆	过热
⑤	→	=	→	×	→	高原
⑥	↓	=	↓	×	→	衰退
⑦	↓	=	↓	×	↓	萧条
⑧	↓	=	→	×	↓	黎明前
①	→	=	→	×	→	谷底

关于股价变动的 8 个阶段，如表 1-6 所示②③④为上涨阶段，在⑤形成高峰，⑥⑦⑧进入下跌阶段。经过这 8 个阶段，可以视为一个完整的循环周期。

大部分的股市投资人通常都是由买进股票来开始进场。就算在空头市场，实际会进行放空交易的投资人也只占 10% ~20% 。几乎大家都是以现股或是信用交易融资买进股票，因此买进时间点的判断就相形重要。这以循环周期来考虑的话，①至⑧的 8 个阶段当中，处于上涨阶段的只有②③④这三个。只要能抓住这三个阶段的买点，就能在股市投资中以买进股票来获得利润。那么，就让我们再看一次这三个阶段。

在阶段②，上升的是“数量”。不过数量的变化，企业外部通常难以得知，只能依靠公开的统计数据来进行理解。但这些数据大多延迟许久才会公开发表，也就是说对于数量变化的认知，要到“事”过境迁才能一窥究竟。

营业额的变化等于股价的上升

即使眼睛看不到数量的变化，营业额（股价）却已然开始上升。因此阶段②属于股价上涨无法以数据佐证说明的上涨阶段，也就是被称为“不景气中的股价上涨”的现象。这时候的股价之所以上涨的原因和背景，充其量不脱“推论”的领域，在客观上任谁都无法确信与掌握。

其后景气持续加温，进入阶段③后价格也开始上升。数量增加、需求增加的结果，造成原物料制造商开始提升产品价格。此时和隐晦不明的数量变化不同，股市新闻天天都有价格上涨的消息，任谁都能轻易掌握。也许其中不见得每项价格变化都是每天实时更新，但是相较于数量相关的信息要容易取得多了。而且还会针对不同产品的特征做出个别的解说。

接着，当价格过分上涨，买方再也无法以更高价格购买时，就进入阶段④。

要做出景气循环业种股票的买点判断，千万不能忽略“价格的上涨”。当产品价格开始上涨的时候，就代表景气循环业种最大的行情已经来到，自然要好好加以利用。

只要价格还在上涨，我们就能判断目前处于景气循环周期的 8 个阶段中的阶段③或阶段④。也就是说，只要价格持续上涨，属于景气循环业种的企业的营业额和收益就会不断增长，伴随而来的就是不断上扬的股价。

因此，我们在这个与金融市场平行发展的实体经济中，随时注意观察景气循环产业产品价格的上涨或下跌，比任何事情都重要。只要是在产品价格上涨的阶段，就算股价看来似乎略显疲软，也应该以加码买进来因应。

现今这个时间点的产品价格上涨，确实无法借以断言明天、后天或是一周后仍然会上涨。但是今天的这个上涨，却很有可能是未来持续上涨的起涨点。这种事任谁也没有办法说得准。既然明天的事情没人知道，为了不要错过未来一整个波段的价格上涨，那就更应该要确实地掌握住目前发生在眼前的价格上涨状况。

价格动向的注意点

此外，请注意这里所说的价格上涨，指的是产品价格的动向，而不是股价。首先要做的就是，只要产品价格一上涨，就立刻买进股票。反过来说，当产品价格下跌的时候，那就意味着景气反转的最初征兆已经出现，不管此时股价表现如何，都要马上以卖出持股作为第一考虑。很有可能产品价格明天、一周后，搞不好甚至一年后都还在持续下跌。而最初的征兆，说不定就是眼前这个价格下跌的状况。

到了这个阶段，甚至还可以联想到景气也许已经进入阶段⑦。因此，不管眼前的情况如何，都必须要考虑卖出手上的持股。这就是将景气循环业种的股价变动和景气的循环周期一并考虑后，作为股票买卖判断参考时极为重要的关键点。不需要有独到的市场观，也不需要去预测未来的景气和股价，不管是买进或卖出，我们所要做的事情只有配合价格的动向去作机械式的操作即可。

景气循环业种的股价下跌，不能只解释为单纯的股价波动。其中隐藏在后面的意义是景气循环业种所属的各企业，制造出来产品价格已经开始下跌。如果实际市场上的产品价格确实也下滑，那就更不能错过这个信息，相信这对于景气好坏的判断，和景气循环业种在收益上的趋势变化的判断，一定会有所帮助。

针对景气循环业种的股市投资，最基本的就是从观察产品价格的动向开始。包含半导体或塑料制品、钢铁制品在内所需的原油和非铁金属等原物料，这些所谓的初级产品的价格变动，在这里就是我们借以做出判断的重要参考要素。原物料的价格上涨，代表景气循环业种的产品——也就是一般性商品（泛用品）的需求增加的事实，这也会直接导引出景气目前已经触底，或是处于扩张期的判断结果。若是相反的状况，则可以判断出景气正处于衰退阶段。

重复取得小幅度的获利

关于进行景气循环投资时，需要事先做好的心理建设。

首先是“以小幅度获利为目标”这点。景气循环业种会随着景气循环周期产生收益和股价的变动，但这里所说的“景气”和一般公认的景气的定义有些不同。股价虽然是以依循趋势而变动的“经济活动的镜子”为主要特性，但同时也具有股市行情不断的小幅度上下振荡的习性。实际的景气动向呈现出大波浪走势，然而股票市场里的股价变动，却像是由一波波的小型趋势，所形成的微型波浪起伏。变动的方式虽然略有不同，但背后所反映的景气是相同的。

日本“二战”后的景气循环，景气扩张期一般为 33 个月，而景气衰退期一般为 17 个月。那么，景气循环业种的股价是否就是沿着景气变动的大波浪，而大幅上涨或是下跌呢？实际并非如此。基本上景气的大波浪走向如果是朝上的话，景气循环业种的股价也是以上升趋势为基调，在景气衰退期时，则股价走向便形成下跌的趋势，这是毋庸置疑的事实。但是实际的股价动向则会以更多小幅度的小型趋势起伏，顺着当时大趋势的主轴方向来移动。

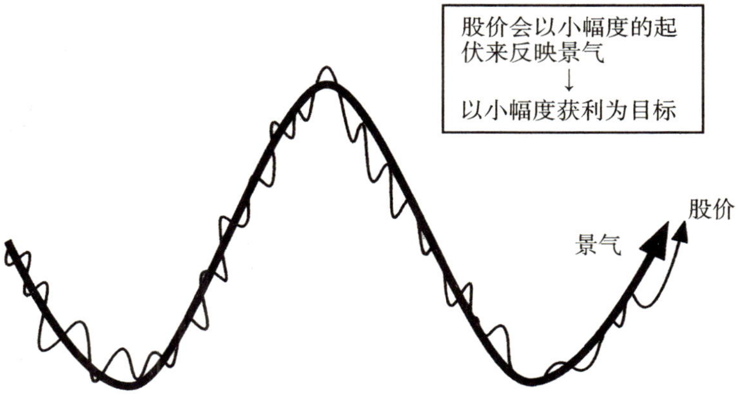

图 1－6　股价变动示意图

景气循环投资策略的主要课题，就是要在这些小型趋势中取得获利。因为实际进行买卖的那一时间点，还没有办法判断隐藏在股价变化后面的是大趋势还是小趋势。我们以实际的投资行为来看景气循环投资策略，不管是上涨或是下跌，每一次的交易都只以正报酬 20% 为目标，这点请铭记在心里。

从一开始就只寻求约20%的小幅度获利为目标，在面对股价变动时心理上应该不会形成太大的负担。因此，也不需要取得过多的部位。如果像职业的自营商那样，取得庞大的部位，造成压力大到晚上都睡不好觉，这样的股市投资实在算不上什么好方法。何况这么勉强的操作方式是无法长久持续的。我们在每一次的股价变动中，只以小部位来取得20%左右的正报酬为目标，然后反复操作即可。这正是景气循环投资法在实际运用上的基本心法。

摒弃“一次投资赚足波段获利”的妄想

只要时常提醒自己持盈保泰，就能避免在空头市场产生大幅亏损。投入的仓位大，如果可以猜对趋势，当然能赚到大钱，但是在随之而来的空头市场，也会相对地付出巨额的亏损。因为一旦曾经获得庞大的利润，难免食髓知味，对行情的判断容易产生过度的自信，却不知其实大多只是在多头市场上升行情中，雨露均沾所取得的利润罢了。如图1－3“景气与股价的四个阶段分析”所示，大波段上涨后面紧接而来的就是大幅度的下跌趋势。如果不能及时发现已经走入空头市场，那就难免会发生将先前赚到手的利润回吐大半的情形了。

股市投资是一场非常困难的游戏，在其中即使取得的仅是短时间的胜利，对一般人来说早就心花怒放，极易对自己的技术和运气产生过度自信。完全没有想过获利的原因很可能只是适逢整体市场处于多头行情，就这么接着进入随之而来的空头市场。

为了要避免这样的情形发生，就要尽可能摒弃想赚大钱的心理，累积小幅度的获利才是最重要的。只要专心埋首于以 20% 左右的利润为目标的交易，重复操作，相信不管景气与行情处于何种阶段，都能够随时灵敏地做出适当的因应措施。

避免预测市场，彻底观察价格

景气循环投资策略要做好的另一个心理建设，就是要尽可能避免预测未来。

一般说到股市投资，就离不开预测未来的行情这件事。但是对景气循环投资策略而言，要尽可能设法排除掉所有对于未来的预测。景气的循环周期明明是用来判断行情好坏的最基本要素，但景气循环投资策略最大的特征是，我们不去做任何行情的预测。

不去预测景气，但是要专注于观察价格的变动。

不光是景气循环股所属企业的股价，包括产品价格、原物料价格等所有的价格变动都要去彻底观察。这就是笔者 15 年来潜心于景气循环产业的动向考察，所得出来的结论之一。

在股市的世界里，预测如果实现了，就能得到莫大的回馈。除了实质上的利益之外，对于自己预测正确这件事，心里的成就感恐怕还要远远大于获得利润的喜悦。反过来说，如果预测落空了，灰心、气馁、失望的压力便极为沉重。而这会造成日后自己的心理和行动都受到极大的束缚。

人或多或少都有自尊心，当自己根据自己所预测的结论，将宝贵的资金投入进行投资时，如果顺利获得预期中的结果，那自然很好，但若是不如预期，一般人往往不肯轻易承认失败。越是对当初的预测有自信，越是不肯轻易认输。导致迟迟无法修正回本来应该采取的适当的投资方针。

当心里有了顾忌，行动就会受到束缚。明明亏损是任谁都不愿意发生的，但自己无法承认自己做出的结论是错误的，就会造成无视于现实状况的执迷不悟。

姑且再次向各位强调，以景气循环投资来说，是不会去对行情未来的走势妄加臆测的。如此就不会让自己的心，被自己做出的预测所束缚，不管遇到什么样的状况，都能自由地做出判断。只要能确实做到产品价格上涨了就买股票，下跌了就卖股票这样的单纯操作，就算操作的结果是错误的，造成亏损发生，心里也不会感受到负担，可以果断地停损。

只要犯了过错，一心想挽救已经造成的错误（取回损失的钱），任谁难免都会出现使劲过度、矫枉过正的毛病。高尔夫球也好、棒球也罢，甚至入学考试也是一样，使劲过度、矫枉过正都不会有理想的成绩。同样的，股市投资如果投注过多的心力，本来不应该买进的时机，便买进了不应该买的股票，岂不是深陷入泥淖造成更大的损失。如果这样的恶性循环重复个两三次，造成斗志萎靡不振，到了第 4 次时，已经没有力气，也没有资金去进行下一次的投资了。

为了不要发生这种情形，也为了要减轻心理上的负担，就必须只依靠客观的事实去采取行动。自己下定决心只许自己执行产品的价格上涨时就买进股票，价格下跌时就卖出股票这样的机械式操作，就能够重复累积小幅度的利润确实获利。

一口气赚大钱的成就感当然很令人陶醉，但有可能会在迟早来临的股价和景气分析的阶段（Ⅲ）→阶段（Ⅳ）中造成庞大的损失。如果保持小幅度但确实的获利模式，就算在转换期发生亏损也能够控制在最小的幅度。

景气循环投资策略是一种重复累积小幅利润，避开大幅损失的投资方法。切记，我们要寻求的目标是小幅获利和小幅损失，不以大幅度的获利为目标，且要尽力避免的是大幅度的损失。

重　点

股票市场的两大原则

◎遵循股票市场的两大原则

（1）股价是反映景气的镜子

（2）股价会领先景气

◎“好景气中的股价上涨”要买进

◎“不景气中的股价下跌”要卖出

◎不以大幅度的获利为目标

◎重复累积小幅利润，发生亏损也能控制在小幅度以内

◎不要预测未来的行情，要彻底观察价格

第二章　景气循环投资策略·实践篇

（一）观察价格

第一章我们学习了景气循环投资策略的概要，以及思维模式等理论背景。在本章，我们要将前章所述的理论活用于实际的投资操作上，针对价格的判读方法、买卖的时间点，以及信用交易的活用方法，从实践的角度进行解说。

那么，就让我们先从景气循环投资的核心——物料的价格变动来开始吧。

观察的价格对象

先前我们说过景气循环产业的营业额，可以用该产品的“数量×单价”来表示。举石油化学产业为例，我们要看的就是塑料制品等产品的“数量”是否有成长？“单价”是否有上涨？

不过，数量的变化通常要隔很长一段时间后才能得知，当我们掌握到具体数据的时候，情况早就有了新的变化。以时效性来说，价格变化的信息时间差较短，相对比较易懂且具有参考性。

虽说价格信息容易取得，但也没有必要收集多到数不清的业种的所有价格动向。基础原物料之中还是有一些价格几乎不变动，或是变动幅度极小的品项。

因此，我们要挑选出能够实时掌握价格动向，变动的频率和幅度在某一程度以上，价格信息相对容易取得的产业或基础原物料，加以经常性的观察。

满足这三项条件的业种，可以具体列举如：化学、钢铁、非铁、半导体、海运、石油等产业。另外，综合商社的业务内容涵盖了综合性的商业活动，因此，也可以将其计入此类。

这几种产业的产品或服务的价格每天都在变动，而且变动的数据也几乎每天都会更新公布。我们应当将需要追踪的数据，尽可能集中在方便取得的项目上，然后每天孜孜不倦地注意那些产业的价格动向。

什么是价格

当我们提到“物料的价格”时，很容易误会成商品的市况，也就是和商品期货行情混淆。期货价格和现货价格大致上呈现连动变化，因此，要以东京工业品交易所上市的黄金、原油、汽油的价格变化，来掌握一般社会上的物料价格，当然是可能的。作为数据而言，十分具有参考价值。不过，如果仅以商品期货行情为出发点的话，与其相关的企业数量就相当有限了。

股市投资，最先要掌握企业的概况，然后要看该公司的制品为何？充分活用像这样由上而下的信息，来挑选出投资标的。另外，若是以商品期货行情的角度来切入的话，和汽油行情相关的企业就可以列举出新日本石油、Cosmo 石油等生产石油制品的公司……诸如此类，加以横向类推。

这是以“企业”和“该企业的产品”一对一的对应关系为前提的方法论。然而，商品期货市场的上市品项种类并没有那么多，如此一来，可作为投资对象的企业数量就十分有限，不利于投资的发展。如果我们只将价格信息狭义定义为商品期货行情的话，难免会陷入这样的进退两难、不上不下的处境。因此，我们不将价格信息局限在商品期货行情一项，而应该要汲取真实社会上每天进行交易的物品价格动向作为参考。

在这里，我们以非铁市况这个具有代表性品项中的镍价行情为例说明。

非铁金属作为产业的基础原物料，扮演着非常重要的角色，其中特别是稀有金属镍，更被广泛地运用。镍虽然在日本的中部大阪商品交易所也有上市，但我们还是以金属交易的大本营，伦敦金属交易所（LME/London Metal Exchange）的镍价行情为主。LME 的价格是全世界的实际需求者以及投资人公认的重要指标。

另外，LME 的非铁项目还有铝、铜、铅、锡、锌、铝合金等上市品项。其中铝和铜因为价格较低而受到投资人青睐，买卖笔数和成交金额都远远大于其他品项。一方面也可以看出铝和铜作为产业资材，对世界上的基础建设的贡献极大。因此，当世界的景气变好，铝和铜的需求就会增加，价格也会上涨；反过来说，不景气的时候需求就会减少，价格也会下跌。总而言之，我们可以将铝和铜的价格变化直接视为景气的变化。

镍的价格

说到镍，一般人可能会直接联想到如日币 100 元等硬币的材料。但其实镍更重要的用途是作为不锈钢的原料使用。不锈钢因为不容易氧化生锈，广泛运用在厨房机器或流理台、建筑领域的大楼窗框等，此外也经常使用于石油化学、食品工厂的配管或水处理厂、汽车零件等需要防锈的地方。

当大量使用于建筑材料的不锈钢的需求增加时，代表着在这世界上的某处，正在大兴土木，开始一波建筑热潮的这样一个信息。例如，中国和印度一窝蜂新建大楼及住宅的热潮，美国的住宅建设潮等，当世界的某处开始兴起建筑热潮时，不锈钢的需求就向上飙升，镍价行情也就随之大幅上涨。

镍的价格推移如图 2 - 1 所示，2005 年秋季触底之后留下值得记录的大幅度上涨曲线。2005 年前半的镍价市况是一吨 1.7 万美元，接着小幅震荡下滑，到了 10 月价格降至 1.1 万美元触底。随后，镍价行情相较其他初级产品市况的急速上升，虽然稍微延迟了一段时间，但旋即如字面上意义一般，爆发性地向上飙涨。2006 年 5 月突破 2 万美元，8 月上涨到 3.5 万美元附近。其后经过一段时间的盘整，进入 2007 年便大幅超越 3.5 万美元的关卡再次开始上攻，到了 5 月已经涨破 5 万美元，可以说是史上少见，值得记录的大行情。

镍价行情的上升，是因此一时期正在急速成长的中国、印度为首的金砖四国地区的大楼、工厂、公寓、住宅建筑热潮为背景。同一时间，因为原油价格上涨伴随而来中东地区的厂房建设、资源开发的活跃等双重影响，使得不锈钢消费量大增，而作为原料的镍价行情大幅推升上涨也就不难想象了。

图 2 -1　LME 镍价行情（1）（出处：著者依 LME 数据整理制表）

在初级产品当中，像镍这样的稀有金属的供应量很少，只要需求量稍有增加，价格很容易就会向上翻升。我们只要以供不应求会造成价格的大幅上涨这个事实为基础，就能够做出“不锈钢市场的景气还在持续扩张”这样的判断。

景气状况好，就要买进股票。特别是供应基础原物料的景气循环业种的股价很容易反映景气，景气好的程度会直接与股价的涨幅联结。而此时重要的是“观察物料的价格”这件事。没错，就是以这个镍价行情的变化为基础，确认处于上涨行情的阶段，就买进相关企业的股票，反过来，确认为下跌行情的时候，就要卖出股票。

顺带一提，镍价的市况后来在 2007 年 3 月涨到 5 万美元，不断地持续上涨，到了 5 月只差一步就能到达 5.5 万美元（图 2－2）。然而终究还是形成头部，夏季以后行情急转直下。

图 2－2　LME 镍价行情（2）（出处：著者依 LME 数据整理制表）

事后回过头来看这一段历程，几乎在同一时期，美国的次贷危机发生，进而引发了欧美先进国家的金融危机。事实上，全球性景气衰退最初的信号，在这里早就可以察觉到了。

关于价格的正确认知

原物料价格的变动就如同体温计的功能一样，帮助我们根据物品价格的起伏，来判读景气的趋势。这就是观察原物料价格最基本的重点。

所谓观察原物料价格，简而言之，就是透过物品价格的变化来掌握眼睛看不见的景气动向，进而找出价格产生变动的背景原因。社会上的真实经济活动，几乎实时性地反映至原物料的价格变化，而在金融市场则是反映在股价的波动上面。景气循环投资法就是要透过这个真实经济和金融市场的相互关系，来掌握景气的动向。

股票市场里和景气连动的个股，举例来说，如镍价行情波动会影响大平洋金属（5541）和住友金属矿山（5713）的股价，不锈钢的价格动向则会和以不锈钢为产品的日本冶金工业（5480）的股价表现相联结。

为了避免造成误解，在此要补充说明所谓观察原物料价格指的并非股市投资里所使用的技术分析。我们不使用技术分析来预测物品价格未来的动向，只是单纯的观察眼前的价格动向。关心的纯粹只是现在价格是在上涨还是下跌这个事实而已。

像将来会上涨或是下跌这样对未来的预测是不需要的。重要的是去了解现在处于什么样的阶段。这就是观察原物料价格的正确认知。请各位千万不要弄错了。

接下来，让我们针对要观察什么价格才好这点，进一步做说明。

股票投资里的“一村一品运动”

距今约30年前，当时的日本大分县长平松守彦提出了有名的“一村一品运动”。这是为了振兴大分县的地区经济而兴起的运动。一开始并不直接以活化全县的经济为目标，而是先以市、村等各地方行政单位，各自推出一项特产来做重点营销。每个村、每个地区都有一项特产，只要看到那个特产就能马上联想到特定的生产地。目前这个运动不只限于大分县，已经发展成为全世界地区振兴运动的标准模式。

在股票市场，特别是景气循环股的运用，也可以参考一村一品运动的模式。在一个业种、一个企业里，各自挑出一项产品、商品，根据其各自的价格动向，以一对一的对应关系来进行掌握。

以纸浆·造纸业界来说，观察上质纸这个代表性品项的价格动向，就能掌握纸浆·造纸业界的收益状况。以非铁业界来说，代表性的非铁品项——铝、铜、锡的价格走向，就能看出非铁业界的营业额变化。若是在钢铁业界，则可以观察汽车车体用的薄板，或是供应给造船业界的厚板。诸如此类，在什么业种就观察什么特定的产品，当你能够将这样的对应关系区分法，确实记在心里的话，那我们需要时常观察的重点项目就能进一步去芜存菁。

上质纸或是铜版纸都是造纸业界代表性的产品，价格的变动信息也相对容易取得。然而，这两种纸的价格讯息虽然易于取得，却都不是会频繁变动的品项。昨天一吨纸 1 万日元，今天也还是 1 万日元。以现状来说，就算是明天也好、下周也罢，都还是 1 万日元，没有变化。这是因为在长久以来的商业习惯上，厂商和客户间会每隔数个月进行一次价格交涉，然后签订契约来决定价格。即便我们参考一村一品运动，在一个业种挑选一个品项的价格变化来密切追踪观察，但如果那个价格本身少有波动的话，那就完全没有意义了。

景气的代替品

景气循环投资策略是透过产品价格的变化，来推测景气的动向和业界的变迁，再依据推论出的结果来买卖该业种的股票。以“今天的产品价格比昨天的价格上涨或下跌”这种短期的、迅速的产品价格变动，来作为买卖股票的判断基准。

景气是眼睛看不见的，一般会以每一季发表的 GDP 成长率和日银短观，或是每个月发表一次的每月经济指标作为判断景气的方法。另外，在金融市场里，股票每天都会形成新的价位。每季发表一次的 GDP 成长率和每天都有变化的股价——一般人普遍认为过于短期的股价变动，包含了太多不可预测的因素在内，便会做出 GDP 成长率和股价之间看似有关联性，但实质上关联并不密切这样的理解。如此细微的股价变动，以景气动向的观点来看，确实很容易被忽略。一般认为只有由短期股价联结而成的中长期趋势，才会和景气的动向有所相关。

不过景气循环投资策略的思考模式，却是以每天的股价变动和物料的价格波动为基础的，都会以完整地反映出景气的动向为基础。比方说 2002—2007 年，持续了长达 70 个月战后最长的景气扩张期才刚告一段落，而在这 6 年来的景气扩张期当中，实际上也包含着“今天的景气是好还是坏”这样以一天为单位，极小的景气变动在内。

此时能够帮助我们做出判断的，就是找出一个和股价一样，价格每天都在变动的品项来做参考。也就是找出一个以其价格的上涨或下跌来当作景气的代替品，扮演景气信号的角色。

这么一来，要执行景气循环投资策略，一开始先要找出一个像股价一样，每天都有价格变动的市况产业的产品，这一点非常重要。如果是非铁业界，像 LME 上市的铝或镍，这一类每天都在交易的物料的价格变动，就是最富指标性且适合观察的标的。

当然，现实生活中不可能会有“今天非铁的价格上涨，所以景气很好”，隔天“价格下跌了，所以景气不好”，像这样每天的景气基调都在改变的状况。不过，我们要姑且“当作”这种景气情形是存在的。

景气的代替品和股价的联动性

当我们找到作为“景气的代替品”的物品价格变动之后，接下来重要的是，要将其与企业和产业界相联结，持续观察股价的变化。就现实层面而言，能够满足这样条件的品项种类非常的有限。当我们将某个品项和企业、业界去做组合搭配，并且要筛选出两者之间的价格变化确实有联动性的组合，最后只会留下4～5个有效组合吧。然而，我们要的只是能够将这个物料的价格变化，当作极短期的景气变动来看即可，就算只有4～5个组合，也已经十分够用了。

观察价格的变动，当物料的价格上涨时，就可以判断出景气比昨天要好，买进与其连动的股票。这是非常单纯的思考模式，我们要完全信任价格和景气之间一对一的关系。在这里我们不追求绝对正确的答案。也就是说，我们不需要去判断价格上涨这件事情是不是真的，只要坦率地接受眼前上涨或下跌的事实，不停息地进行机械式的判断，如此一来，在某种程度上也可以推测出趋势的连续性。

举先前提到的镍为例，价格在2005年10月底触底后开始反转向上，接下来几乎每天都会反复发生小幅度的上下震荡。不过以长期来看，一连串的价格变化描绘出一条非常大的上升趋势线，而且是以足可在历史上留下记录的攀升角度急速飙涨。

其后的价格反转下跌，同样呈现出非常陡峭的锐角曲线。即便如此，我们还是一样每天观察价格变动，持续做出“今天的景气是好还是坏”的判断。虽然要靠一天一天的价格变化来判断大趋势的走向非常困难，不过只要每天不间断地针对小幅度的“景气代替品”做出分析，最后就能够掌握到大波段的早期征兆。

原物料的价格

在这里我们要来谈谈原物料的价格。

我们以景气循环股具代表性的三个业种来做说明。

◎钢铁业

在钢铁业里所谓的“物料的价格”不限于先前所述的钢铁产品的价格，也可以是原物料的价格。钢铁业又分为高炉和电炉两类，高炉业者像是新日铁或住友金属工业，电炉业者则有东京制铁或合同制铁，这两类的钢铁制造商的业务内容不一样。高炉制造商是以铁矿石和焦炭为原料来制作出铣铁，另外，电炉制造商则是以废钢料为原料，重新精炼后制作出 H 型钢、直棒钢、角钢等作为大楼骨干的钢铁产品。

H 型钢和角钢等这些电炉制造商的产品，是少数可以追踪每天价格变化的品项。由于价格每天都有变化，因此，只要密切加以注意观察，很快就能够发现价格变动的诱人之处。

这里需要观察的重点在于废钢料的价格动向。钢铁制造商，特别是电炉制造商的股价动向大多和废钢料的价格有联动性。废钢料的价格上涨，就代表作为建筑材料的产品需求旺盛。反过来说，如果废钢料的价格下跌，就可以推测钢铁产品的需求量减少，电炉制造商的股价迟早也要下跌。

电炉制造商是法人企业，但和自然人一样也会有自我保护的本能。企业为了自身的存续，当废钢料这些原料的价格上涨时，当然会试图将上涨的成本转嫁到 H 型钢或角钢等钢铁产品的价格上面。如果无法涨价的话，就会因为原料成本增加而压缩到利润。原料持续高涨的话就会陷入不敷成本的状况，生产越多赤字越大，最后企业就无法经营，无法存续下去。为了避免这样的情形发生，企业都会有一套风险管理的机制，当原物料高涨的阶段来临时，经常会有调整产品价格以反映成本上升的举动。

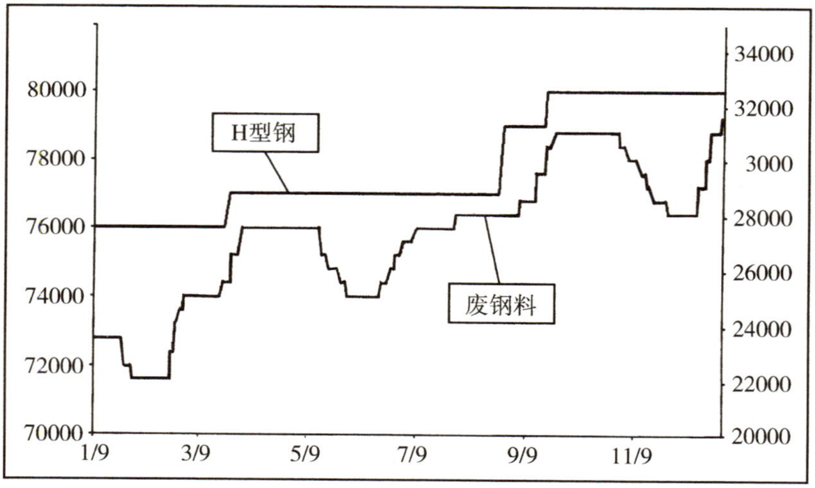

图 2-3　H 型钢、废钢料的价格推移（2007 年）

反过来当原料价格下跌时，生产成本也会降低，但此时建设公司（综合营造商）这些大客户不可能会坐视不管，一定会以“既然原料下跌了，那H型钢和角钢的价格也请配合降价”为理由来加强钢铁业者降价的压力。废钢料价格上涨的阶段虽然生产成本高，但也比较容易提高利润，反而是废钢料价格下跌的情形。虽然生产成本降低，但利润空间也会受到压缩。

市场和媒体很容易误将原料价格的上涨视为负面因素，原料价格的下跌视为正面因素，但在工厂的角度来看完全不是这么一回事。也就是说，原料价格上涨时，其实产品价格也比较有涨价的空间。像这样换一个观察的角度，当钢铁产品供不应求时，产品价格迟早会上涨，企业的收益自然也就跟着增加。反过来说，原料价格下滑就代表产品需求量减退，要求产品价格降价的压力会趋于表面化。这么一来，在收益上就形成负面因素，此时就应该做出卖出股票的判断。

电炉制造商股价的特性，在高炉制造商身上也看得见。因此，当我们在观察钢铁股的动向时，当然不用说钢铁产品本身的价格变化很重要，铁矿石和焦炭这些原料的价格也同样非常的重要。

如钢铁业这种原料价格每天都有变化，股价的变动特性也非常明显的业种在市场上是存在的。像这样的业种，我们就依照其特有的变动特性去操作即可，不应该一看到原料价格上涨就认为是利空，反而要视为买进该业种股票的重要参考依据才对。

◎海运业

海运公司不是制造业，这点和钢铁业或化学业有决定性的不同。但是海运公司担负起将那些业者所需要的铁矿石、焦炭、原油等原物料远渡重洋的“运送”业务。这些原物料的海运运费，会依市场上的原物料供需关系来决定。以这点来看，海运业务和制造产品基础工业的事业形态也有异曲同工之处。因此，我们可以很合理地将海运公司也纳入景气循环产业来考察。

海运公司的收益来源大致分为三类：油轮、定期航运和不定期航运。定期航运就是比方说在横滨与旧金山之间定期运行，主要以载运完成品与消费财为主的业务。半年一次，或是一年一次定期进行运费的交涉，价格决定后的半年、一年之间的运费不再变更。

相对的，不定期航运是运送像铁矿石之类的矿产资源，或是大豆等谷物，以原物料或基础材料为主要对象的船只。只有在必要的时候耗费必要的人力，运载必要的数量，运费也是每天以自由市场机制来议价决定。因此，不定期航运的运费，大多会和所运载的原物料价格联动，且有高有低，这个波动会反映在“波罗的海干散货运费（BDI）指数”上面。波罗的海干散货运费指数是由伦敦海运交易所发表的不定期航运的运费指数，在彭博新闻公司（Bloomberg Information Network）之类的网站都可以每天取得数据。借由这个指数，就能够大致掌握当时的海运业界处于何种状况。

◎综合商社

综合商社只要有生意所在之处几乎无役不与。三菱商事涉足发射人造卫星、伊藤忠商事投资基因改造事业、丸红参与规划北海油田的天然气田开发，各家商社从以前就已经展开多角化经营，但不管是过去或是现在，综合商社的根基还是基础材料生意的中介业务。直到现在每家商社的业务和基础材料相关的事业仍然占有相当比例，几乎到达营业额的

20% ~30%。

不管是从海外进口原油交付给日本的石油公司，或是在国外的矿山开采矿产资源运送回日本等，只要和基础原物料相关的生意，就一定看得到综合商社的参与。因此，当物料的价格产生变动时，综合商社的收益也会受到影响。

比方说钢铁业界要从巴西或是澳洲进口铁矿石时，负责运送的虽然是海运公司，但是将当地业者生产出来的铁矿石装载上船的业务，还有海运公司运抵日本后，交货给下订单采购的企业的业务，都是由商社来承办。这一连串程序的手续费就是商社的利益来源，一般可得到营业额3%左右的利润。因此，从事中介业务的商社收益，可以说是全方位的与物料的价格波动一起连动。

其中收益与股价动向关联性最大的，要属原油了。原油生意本身的营业额规模就已经很庞大，再加上原油价格上涨的阶段，整体物价大多会跟着上涨，对商社来说各方面的业务通常也会随之雨露均沾，因此，股价自然也容易上涨。

不过这只是说明大部分的情形是会跟着上涨，但并没有办法以此解释所有的状况。原油上涨 = 综合商社的收益（股票）上涨，这个结构充其量只能有60% ~70%的相关程度罢了。

此外，综合商社和海运公司相同，收益一样也容易和不定期航运运费的动向产生连动。因此，BDI 指数 = 海运业界这个公式，应该也可以将综合商社加入。

到目前为止，我们以景气循环投资“应该要观察什么价格”这个角度，阐述了具体应该要追踪观察什么种类的品项价格变化。那么，接下来解说一下要怎么样取得我们所需要的价格数据。

价格数据的收集

最为常见的方法就是活用“日本经济新闻”的商品行情版。可能有很多人都只是大致浏览这个版面，但是对于以物品价格变动为基本的景气循环投资来说，千万不可对商品行情视而不见。每天都要将这一页版面从头到尾，巨细靡遗、一字不漏地仔细研读，这是非常重要的功课。

实际的数据可以由商品行情版最左侧的“デイリー（每日行情）”一栏取得。这里有石油、贵金属、非铁、半导体、钢材、天然橡胶、纤维、砂糖、红豆、大豆等，每天都刊载各项代表性的商品价格，我们要将其仔细地抄录在笔记本里。

也许各位会想为什么到现在还在使用徒手抄写这样落伍的方法，其实这是非常重要的工作。当我们实际动手书写的时候，这些商品的真实价格在脑海中的印象，会远比光用眼睛看来得深刻。

要想强化对于商品行情的认知，最好是将所有的行情都抄录在笔记本里。不过其中也有许多对股市投资毫无帮助的信息，因此，只要将代表性的品项，一个业种挑选一个品项来誊写到笔记本即可。刚开始的时候，可能会需要 10 ~ 15 分钟的作业时间，但习惯之后速度就可以加快，而且可以学习到如何分辨出各品项中对于股市投资无益的数据。如果实在没有时间的话，至少也请将“デイリー”这个每日行情表剪贴到笔记本上。

有几个项目的价格是笔者所重视的，首先是石油和汽油。2008 年受到原油高涨的影响，日本全国的花枝钓船全面性地停止出海作业。这是作为海运业界船舶燃料使用的C重油价格上涨所造成的状况。其次是金和铂金等贵金属。非铁金属块要看的是铜、锌、锡、镍。半导体相关的股价变化，经常会和半导体的现货价格有所联动，所以现货价格也很重要。还有钢铁股的股价变动，也常受到钢材价格的上下起伏所影响。更甚之如天然橡胶、砂糖等产品价格，就依照一村一品运动的选择模式去观察即可。

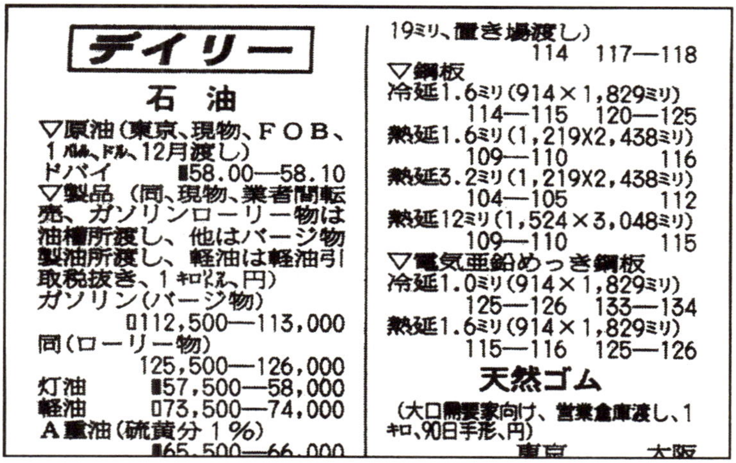
デイリー
石油
▽原油（東京、現物、ＦＯＢ、1バレル、ドル、12月渡し）
ドバイ　■58.00—58.10
▽製品（同、現物、業者間転売、ガソリンローリー物は油槽所渡し、他はバージ物製油所渡し、軽油は軽油引取税抜き、1キロリットル、円）
ガソリン（バージ物）
　0112,500—113,000
同（ローリー物）
　125,500—126,000
灯油　■57,500—58,000
軽油　073,500—74,000
A重油（硫黄分1％）
　■65,500—66,000

19ミリ、置き場渡し）
　114　117—118
▽鋼板
冷延1.6ミリ（914×1,829ミリ）
　114—115　120—125
熱延1.6ミリ（1,219X2,438ミリ）
　109—110　116
熱延3.2ミリ（1,219X2,438ミリ）
　104—105　112
熱延12ミリ（1,524×3,048ミリ）
　109—110　115
▽電気亜鉛めっき鋼板
冷延1.0ミリ（914×1,829ミリ）
　125—126　133—134
熱延1.6ミリ（914×1,829ミリ）
　115—116　125—126
天然ゴム
（大口需要家向け、営業倉庫渡し、1キロ、90日手形、円）
東京　大阪

图2-4　日经新闻商品期货栏的各项商品行情表

日经新闻商品行情版的“国际商品指数上升”“柴油库存量增加”“厚板钢板价格上涨”等等，诸如此类和市况相关的新闻报道非常的重要。对笔者而言，这个版面针对价格和市场动向的解说，可以算是日本经济新闻中最为重要的部分。

此外，同一版面右下方有一个“亚洲市况”的字段。里面记载了前一天亚洲市场的价格讯息，这也很重要。特别是新加坡的轻油、汽油、煤油价格会直接影响到石油化学业，这些品项的价格也应该要不厌其烦地记入笔记本。顺带一提，原油精制而成的轻油，会成为塑料制品的原料。

也许还不习惯的时候会有点辛苦，不过只要把这项作业当成每天早上的日课，就能够在股市开盘前掌握到当天市场大概的状况。光是日经新闻的这个页面，就涵盖了钢铁、非铁、化学、半导体、石油等五大业种。每日行情的价格变化只看这里就足够了，如果再活用网络的资源，追踪前一天的 LME 的价格，那我们所需要的价格信息差不多就都齐全了。

◇香港
▽金（現物、ロコ・ロンドン、売値、1トロイオンス、米ドル）
当日 22日
728.30 757.70
◇シンガポール
▽石油製品（翌月物、FOB、1バレル、ドル）
ナフサ ■42.10—42.50
ガソリン ■69.50—69.90
ケロシン ■85.60—86.00
ガスオイル ■77.80—78.20
重油（硫黄分3.5%、1トン、ドル）
0398—401
◇マレーシア
▽すず（KLTM、現物、1キロ、ドル）
当日 22日
11.200 11.500
◇タイ
▽米輸出価格（タイ貿易取引委員会発表、精米、1トン、米ドル、FOB）
長粒種米（100%、1級） 679
同（同、2級） 664
同（破砕米含有率5%） 648
同（同10%） 645
破砕米（A1スーパー）

图 2-5　日经新闻亚洲市况栏的各项商品行情表

信息收集的诀窍与活用

提醒各位，收集信息的诀窍在于“不要太过战战兢兢”。像是夏天放自己一星期的暑假、出差在外两三天都没办法抄笔记等因素，看到东缺一角西少一块的笔记内容，也不需要因为不够完美而感到神经紧张。

虽说每天确认价格的变化这件事情很重要，但其实只要了解景气和股价整体的走向就可以了。稍微缺少几次数据也无妨，有足够帮助我们掌握趋势的数据就没有什么大问题。

重要的是要持续收集数据信息，而且还要去分析其中数据讯息代表的倾向。为了要能够长久持续这个重要的作业，就不需要太过神经质，甚至带点马虎的态度去做也不要紧。其实笔者自己的笔记内容也是一样东缺西少不完整的。以景气为对手，需要某种程度的时间累积，请各位不需要过于神经质，而要有耐性地长时间收集数据信息就可以了。

接下来说明收集到的信息要如何活用。

数据只是收集在手是没有意义的。为了要让自己确实掌握信息的内容，将数据整理为图表会很有帮助。当我们在抄录笔记本的同时，也可以利用计算机的电子表格软件（如 Excel 之类）来制作图表，若是再把股价记录在一旁，观察价格的倾向，就能更为清晰地理解。不过，如果有人可以只看数字就能够掌握到某程度的倾向，在脑海中直接可视化处理，就像是实际画出图表一般，那就可以跳过制作图表这个步骤。

就像是曲线图可以帮助我们一眼就看出趋势一样，将信息以图表可视化表现出来，对于掌握大原则的走向很有帮助。不过此时并不是一开始就要将价格数据键入 Excel 表格，而是要从动手抄写开始，先培养对于数字的认知能力，其次再开始制作图表即可。我们要再三强调，亲自动手书写才能够把数字确实留存在脑海里。

不追求完美的对应关系

所谓的行情，说穿了就是一种“价格水平的感觉”。关键在于如何掌握目前的价格水平，因此，学习如何去体会现在处于何种价格水平之中就非常的重要。我们可以利用手写的数字和图表，来将这个价格水平以可视化呈现，如此便能够帮助我们掌握对于大方向趋势的感觉。

当自己对物料的价格与趋势心里有谱之后，接着就要自己去思考物料的价格变动和股价之间的关联性，将股价和物料的价格变化两者联结起来。只要持续收集数据信息，迟早可以看得出个中端倪。不过，在这里要特别小心的是，如果将物料的价格和股价的变动做百分之百联结的话，反而会陷入“无法做出决定”的状况。

为什么呢？这是因为自己收集而来的数据，显示着真实经济每一天的状况，而股价则是反映金融市场的现象。金融的世界和真实的世界，在某些层面确实存在着一对一的密切对应关系，但并不能说绝对是百分之百彼此相呼应的。有时候会两相呼应，有时候却并非如此。

比方说，并不是看到 BDI 指数上涨，就可以无条件地买进海运股，毕竟还是有两者不相应和的时期。例如，避险基金在整个金融市场翻云覆雨，发挥了极大的影响力，一旦接近那些基金结算日时的做账行情，本来应该上涨的股票却不上涨，甚至股价还有可能反过来下跌。

当然，相反的例子也是有的。这些变动告诉我们金融市场和真实经济这两个世界是以完全不同的道理来驱动的。

即便如此，我们也不需要马上断定，以 BDI 指数和股价变动之间的关系来思考市场行情的方法毫无意义，股票市场里本来就存在着某种程度的误差与不规则。

以理论而言，既然企业的营业额是由产品或服务的“数量×单价”计算出来，那么单价的上涨、下跌都应该会对收益面有所影响。虽然在一般的情形下，不可能会因为一天两天的价格起伏，就使营业额产生变化，但是以景气循环投资策略的角度来看，我们要“当作”这种状况是存在的，并且借此观察物品价格与股价两者之间的关系。

回到一开始的前提，同时抱着物品价格与股价之间的差异和矛盾，来观察事物是有其必要的。一边考虑到像这样的误差范围，一边去体会两者之间的关联与癖性，在这个课题上花时间下功夫，找出自己对于真实经济与金融现象之间关系的定位，这样的方式可以算是股市投资的正面攻略法。

重 点

应该要观察什么价格?

◎观察价格会实时产生变化的品项（如钢铁产品、非铁、海运市况等）

◎一个品项搭配一个业种即可

◎收集价格信息

◎以手抄数据为主，再辅以计算机图表化整理的效果最佳

（二）价格的上涨、下跌以什么为判断依据

前项我们谈过了价格数据的收集方式，还有基本的活用方法。本项要向各位说明如何以收集到的数据为材料，进行下一步的判断。

投资人的决定事项

前面提过物料的价格与股价之间，有着密不可分的关系。景气循环投资策略以物料的价格变化等于股价的变化，这个前提条件为依据，当价格上涨时买进股票，反过来当价格下跌时就卖出股票，反复进行操作。

关于在为数众多的个股当中“要买什么股票?”这点，景气循环投资策略早已经事先决定好了。第一章为各位介绍过的东证一部33个业种里面，占12个业种的景气循环业种就是我们投资的对象。因此，接下来只要做出“什么时候买进、卖出股票?”的判断即可。

◎选股时的注意事项

针对“要买卖什么股票?”的判断，笔者补充说明如下。

当我们持续追踪物品价格的变动时，假设已经逐渐看出钢铁业的行情正好，决定以钢铁业作为投资标的，接下来就是进入到选股作业。

单就钢铁股来看，在东证一部就有30家公司以上可供选择。马上会让大家联想到的应该是新日铁、住友金属工业或是JFE控股公司这些大型企业吧。其他大部分都是光听到公司名称也无法立刻知道公司业务内容，知名度较低的公司为多。

那么，对于“要买卖什么股票?”这个问题的答案，

就是“只要依照每位投资人个人的喜好即可”。

不仅是钢铁业，只要是景气循环股所属企业的股价，不管公司规模是大是小，股价变化的轨迹都是大同小异的。上涨趋势也好，下跌趋势也罢，只要是同一业种，动向几乎都呈现一致。既然如此，稳健保守的投资

人可以选择企业规模较大的大型股，比如：新日铁、住友金属工业或是JFE控股公司等。反过来说，喜欢股性活泼的小型股的投资人可以选择合同制铁、日本冶金工业，甚至是规模更小的个股也不无可能。

大型股的股价波变动小且较稳定，而小型股的股性活泼波动较大，在多头行情时容易出现飙股，但空头行情时也容易一下子暴跌，这两者之间的差异就在于此。不光是股票市场，无论在任何领域，稳定性与灵敏性往往是不可兼得的。如同柔道和摔跤会依选手的体重区分级别一样，价格变动的习性也会因大型股、小型股而有所不同。投资人只要在各业种里选择符合自己性格的个股，事先加以观察即可。

◎买卖时的注意事项

接下来是关于“什么时候买进（卖出）股票?”这点。

景气循环股当中，业种不同但却彼此相关的类股，如钢铁和非铁，或是海运与综合商社等的股价，有时候也会有一起上涨的情形。比方说以内销市场为主的建筑材料H型钢价格上涨，同时间无缝钢管等以外销为主的钢铁产品的价格也上涨，或是负责载运产品的海运运费上涨，更连带着伦敦的非铁行情也上涨，像这样数种品项同时间一起上涨的情形。在这种难得一见的全球性经济景气荣景下，景气循环股的产品在全世界都处在多头行情，就会产生这样价格一起上涨的情况。

就一般状况，景气循环股在同一时期，全部都可以作为投资对象的情形并不多见，即使遇上了也不会长久持续。一般还是以选择买进时下的泛用品产品价格上涨，产品市况上升的业种、个股为主。

“买进”的时间点

基本上当产品价格上涨时，就可以买进该景气循环股的股票。不过，即使只有微幅的上涨也要立刻买进股票吗？其实并非如此。这时候我们要确认一下自己收集到的产品价格数据。在图表上以“价格若是突破前波高点，代表转机已经来到，应该要买进股票”这样的原则来作为判断基准。这里要看的不是单纯的价格变动，而是在判断出“新的趋势已然成形”才决定买进股票。

为了方便说明，请参考图 2－6。

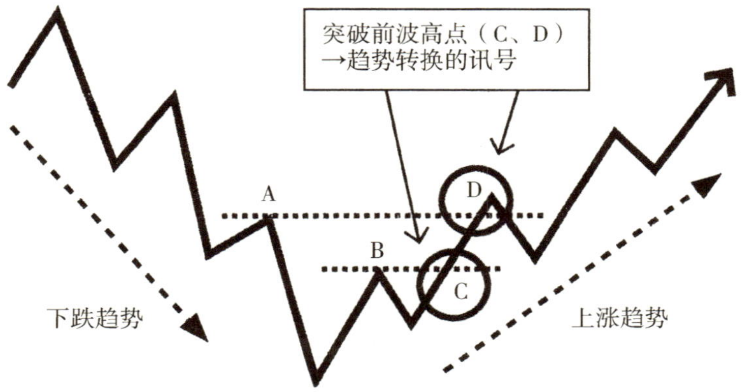

图 2－6　趋势的转换

一直处于下跌趋势的半导体芯片或废钢料等价格，好不容易反转向上，来到（B）价位。

不过，这个时间点还不能明确判断出下跌趋势已经告一段落。因为价格还是有再次下跌持续探底的可能性。其后价格上涨到（C）价位，突破了“前波高点”的（B）价位，这就是告诉我们下跌趋势已经结束，新的上涨趋势正要开始的重要讯号。当价格由（C）价位继续上涨来到（D）价位，跨越比（B）的价格水平更高的（A）价位高档，如此一来，就能更加确定上涨趋势转换的正确性。

虽然说只要产品的价格上涨，就可以买进该业种的个股，但如果只是单纯地去执行这项操作的话，很容易每次都买在下跌趋势里“技术性反弹”的高点。姑且不论小量买进的测试买单，如果真的要大举进场的话，就必须要先确认产品的价格趋势确实已经进入上涨格局才行。

当产品价格到达（C）、（D）价位之后，就可以先考虑买进股票。之后也许会有出乎意料的上涨趋势转换失败，再次回到下跌趋势的可能性。但是以基本的思考模式而言，只要价格突破前波高点，就可以视为进入新的趋势，应该买进股票。我们不须要去做接下来会如何发展之类的预测。

这一点在从事景气循环投资策略时，是非常重要的关键。我们要时刻谨记景气和股价之间的关联性，但是不用去预测未来，完全不需要考虑将来的事情。要紧的是摆在眼前的产品价格已经上涨，而且还突破了前波高点这个事实。我们以此为根据买进股票，只要这么做就可以了。

偶尔会有第一天、第二天没什么特别状况，但是到了第三天，价格开始下跌，又回到原来的下跌趋势这样的情形吧。不过这要到事情发生之后才会知道，当我们在决定是否买进的那个时间点，对于未来会如何无从得知。为了要因应这种情形的发生，事先严格设定停损点是绝对必要的条件。

之所以当价格突破前波高点就要考虑买进股票，是因为行情一旦转换至上涨趋势之后，经常会有一段飙涨的行情，随时都是买点。到了这个阶段，股价突破过去所有的压力区，而屡创新高。也许投资人会开始担心后势发展，因涨幅太大而有惧高症。不过一旦行情进入上涨趋势之后，为了要维持趋势的动力，股价势必会不断屡创新高。

以镍价的市况来看买进的时间点

我们以先前提到的镍来当例子，2005 年 10 月以一吨 1.1 万美元的价格触底，接着行情便开始转换为上涨趋势。2006 年初价格仍然停滞不前，到了 4 月上旬终于脱离 3 个月来的横盘整理区间，突破 1.5 万美元，此刻便是行情转换成上涨趋势最初的转折点。

2006 年 4 月涨破 1.53 万美元价位，超越了 2005 年 7～8 月的价格高点，像这样突破前波高点的现象是重要的关键。到了此时，便可以确立物品价格已经进入上涨趋势的新阶段。后来价格更跨过了 2005 年 4 月的 1.76 万美元价位关卡，行情上涨已经不需要再怀疑。

后势如图 2－7 所示，呈现大幅上涨的态势。这与其说是技术分析，倒不如说是观察价格水平变化的过程中，所应用的基本技巧比较恰当。

这个基本技巧若要以理论来做说明，如下：

截至目前的价格高点，可以看出当时买方势力的能量极限。就算企图突破这个价位关卡，也会受到这段时间卖方势力的压制而无法进一步上攻。要想跨越这个压力关卡，除非情势改变，出现一股超越当时买方势力极限的新能量，或者是既有的买方力道大幅增加，借此击退卖方势力的能量才得以实现。

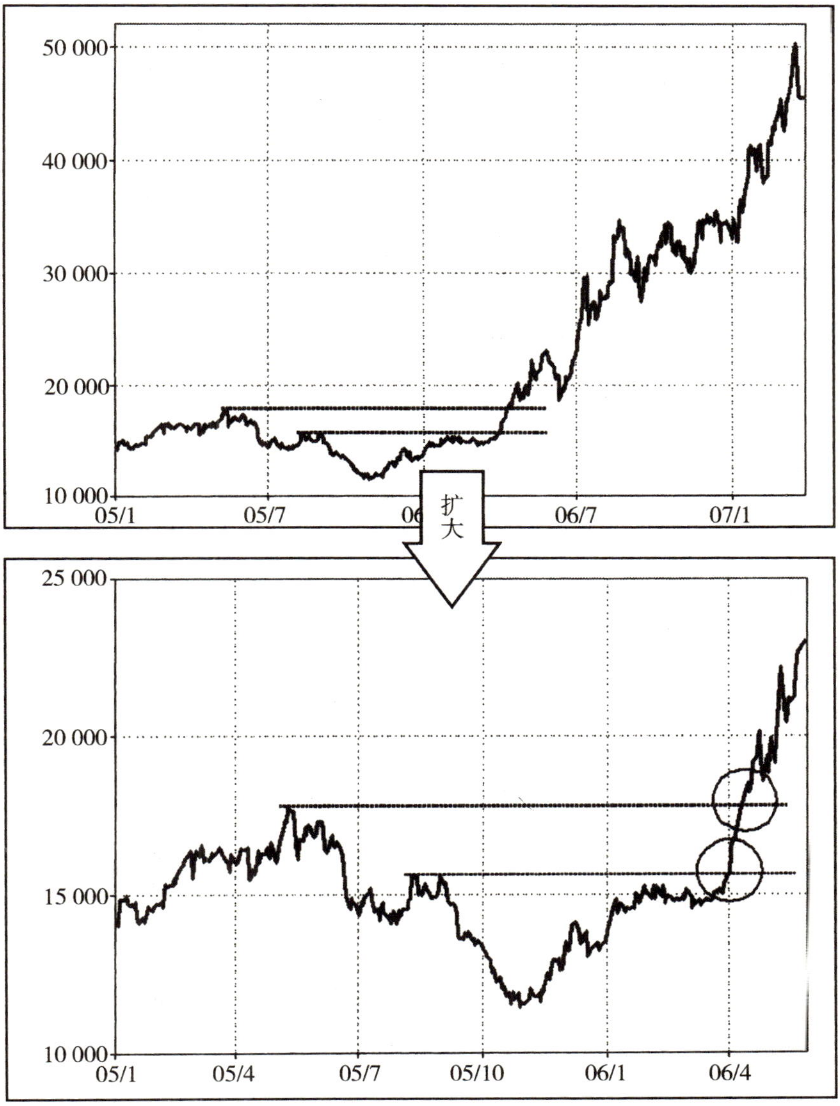

图 2－7　镍的买进时间点

当价格突破前波高点进入飙涨的波段，就代表行情展开了一个新的阶段，而突破前波高点的那一刻，也正是买进股票最佳的时间点。

总归一句，景气循环投资是以“顺势操作”为主的投资策略。顺势操作，指的是投资已经上涨，而且还可能持续上涨的股票的一种手法。反过来就称之为“反向操作”，这是一种在股价下跌的股票中，挑选相对跌深的股票来投资的操作手法。

顺势操作与反向操作

关于这两种操作手法，只要我们回归到景气循环投资的原点，就不难理解。

对景气循环投资策略来说，景气的方向性就是一切。景气好，股价就上涨；景气差，股价就下跌——一切的作为都是由这个原则开始。物料的价格上涨，可判断景气背景的状况不错，可以买进股票。换言之，物料价格上涨就等于要买进股票，这样的行动完全符合“顺势操作”的原则。

另外，“反向操作”在股价下跌时期买进股票，投资标的股价下跌反而形成买进该股票的诱因。换言之，当物料的价格下跌时，也就是等于景气不佳的状态，也应该执意买进股票。既然我们是以景气循环投资为出发点，都应该可以理解像这样的操作手法的矛盾之处。反向操作的主要着眼点，在于利用股价下跌之际，找出价位相对偏低的跌深个股来投资。不过，景气循环投资策略自始至终都不会去考虑个股股价相对偏高，或是偏低这个问题。只要见到物料的价格上涨，即是告诉我们此时就是买进股票的时机，再简单不过。

对景气循环投资策略而言，股价上涨这个事实本身，就构成了买进该股票的理由。不管我们怎么运用过去的数据信息来推断眼前的景气，同样任谁也无法得知明天的状况如何。在这个阶段，我们能做的就是趁早买进股票。因此，要以顺势操作为宗旨，完全排除反向操作的考虑。严格设定执行停损的规则，一旦发生见解有误的情形，才能借此万全因应意料之外的事态。

在这里我们以镍价行情为例，观察价格的变化，若是在股票市场，则是要追踪与镍价联动的个股。如非铁股的住友金属矿山，或是钢铁股的大平洋金属。只要事先调查清楚哪些个股的表现会和产品、原料的行情变动相联结，马上就能够挑选出应该买进的公司股票。

另外，在行情的世界里，难免会有买进之后，股价立刻出乎意料下跌的情形，这是没有办法的事情。当我们事后冷静分析失败的原因，通常我们当初判断已经突破前波高点的价格变动，实际上并没有完全改变原有的趋势。这种情形时有所闻。不过如果因为太过担心而裹足不前的话，那就永远也没有参与市场的机会。与其过度担心买进股票后，股价是否会立刻下挫，倒不如害怕一个不小心错过摆在眼前的大波段行情才对。

镍价的市况与股票市场

那么，让我们一起来看看实际的股价变化吧。

镍价的变动会直接与住友金属矿山的股价相联结。我们以月线的走势来作分析。住友金属矿山的股价，在 2003 年 10 月，超越以往的高点来到 754 日元的价位，两个月后的 12 月，更微幅突破 754 日元来到 795 日元。月线走势虽然是非常简略的图表，但是很适合用作趋势的分析。

股价其后进入大约两年的盘整休息，到了 2005 年 3 月涨到 807 日元价位。接下来虽然稍有拉回，但2005年8月开始终于展开正式的上涨行情。到目前为止，股价连续几次都未能有效突破前波高点，甚至还会有面临必须执行停损的情形发生，但只要机械式的重复买进与卖出操作，最后还是能够挖到大金矿。

2005年8月涨到836日元价位后，展开长达8个月的上涨行情。2006年4月甚至涨到1655日元价位，达到将近两倍的波段涨幅。2006年后虽然有一段拉回修正的下跌走势，但只要仔细观察镍价市况，再次取得投资部位，就可以在2007年7月上涨至2910日元的高点时又一次获利。

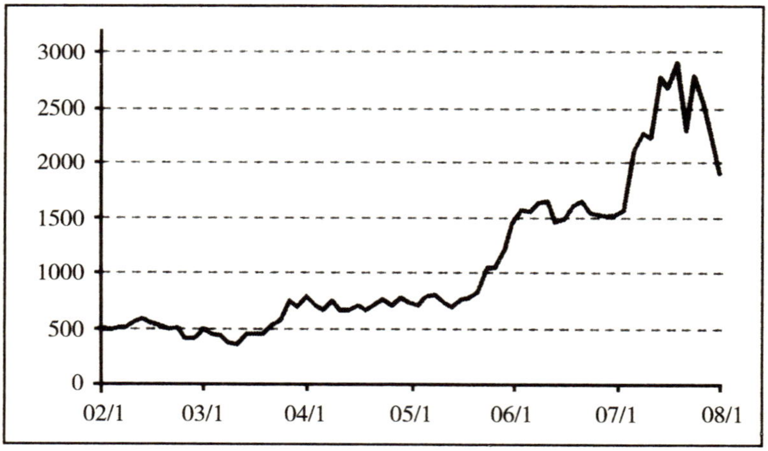

图2－8　住友金属矿山（5713）收盘价月线

从2003年10月开始的涨势一路走来绝非直线。在这段过程中，有可能会经历数次的“获利了结”和“停损出场”也说不定。不过，只要以“突破前波高点就买进”这样单纯的原则来反复操作，最后一定能够掌握大波段行情。

接下来，我们来看日新制钢的例子。

日新制钢也是不锈钢制造业界知名的企业。这只股票在 2002 年 10 月被彻底地抛售，跌破票面来到 47 日元的新低价位。最近一次高点是 2001 年 4 月的 130 日元。到了 2003 年 6 月才以 135 日元的价位突破这个高点。此时就是买进的时间点。

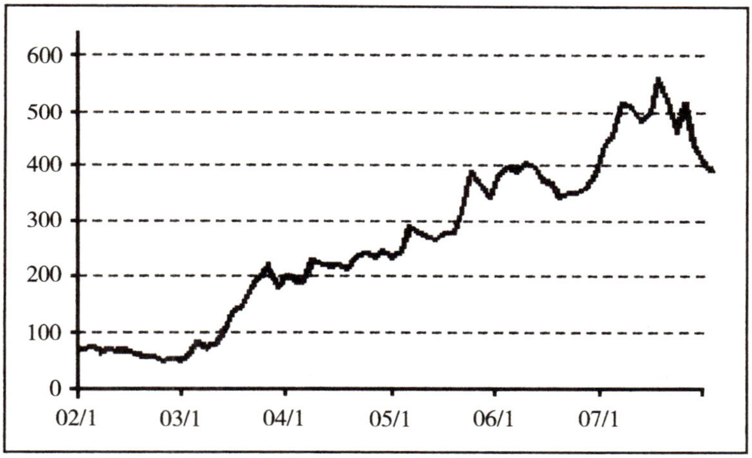

图 2－9　日新制钢（5407）收盘价月线

后来，2003 年 10 月上涨到 219 日元的价位，稍微拉回之后，2004 年 3 月升回到 229 日元价位。再次微幅上下起伏后，涨到 2005 年 2 月的 290 日元价位。接着于 2005 年 8 月涨到 318 日元价位，2006 年涨到 408 日元价位。直到 2007 年突破 500 日元大关为止，股价一路保持上涨趋势。

关键在于不锈钢市况的上扬，以及其原料镍价行情的上涨。以这样的条件为背景，反复进行“股价一突破前波高点，就单纯地去买进股票”的操作，便可以让你搭上这波大行情的顺风车。

当我们像这样用图表解说的时候，会有人提出“如果买在最低点，岂不是能取得更大的获利吗?”这样的疑问。相信只要实际进行过股票买卖的人一定都非常清楚，要想买在最低点是如何一件困难的事情。针对这点，本书将以景气循环的角度来进行检视。

在最低点买进的意义

景气循环投资是以第一章解说过的“数量×单价=营业额（收益）”来展现真实经济的动向，并与其相关的产业股价产生联动变化，以这样的前提来开始一连串的投资操作。也就是说，我们将股价的变动，就直接视同为景气的变动。

既然如此，股价开始下跌的阶段就意味着景气的恶化已经体现在市场上。而以其股价偏低为理由，进行反向操作买进股票，对景气循环投资来说是自相矛盾的行为。

另外，股价突破前波高点代表的是，经济已经迈入新一波的好景气，站在买方是再自然不过的行动。这以景气循环投资的方法论而言，完全没有矛盾之处。为了不要错过下一波的上涨趋势，股价突破前波高点时就要买进股票。就算大举买进之后，股价反而出乎意料下跌，但只要我们设有停损规则，就能将伤害控制在最小范围以内。基于同样的理论，我们甚至可以在下跌的过程中以放空交易取得获利（会在第四项详细解说）。如此还能为下一波即将来临的上涨趋势事先做好准备。

对于已经处于高档区的钢铁股，若是采取“只要下跌就是回档摊平的机会”的看法，对于景气循环投资的立场来说，是属于违反原则的操作手法。毕竟股价下跌的阶段就意味着不景气，对以顺势操作为宗旨的景气循环投资策略来说，这样的操作是有所矛盾的。

请各位理解景气循环投资策略基本上不会采取任何反向操作的行动。

以小幅度获利为目标

接着，我们来看日本冶金工业的股价走向。

这个企业也是在不锈钢制造领域和日新制钢并列日本数一数二的企业。这只股票与日新制钢同样在2002年秋季，下跌至仅有24日元的超低股价水平。其后在2003年10月上涨至212日元、2004年3月上涨至353日元、4月上涨至408日元，到了2005年2月甚至涨到623日元的价位。

看得出股价有微幅波动的时期，也有大幅剧烈变动的状况，而这都要视景气的强弱而定。2006年11月以635日元突破前波高点后，一口气狂飙上涨到2007年5月1459日元的股价水平。

以上这3家企业的股价，大致上都和镍价行情的变化联动。事先知道这层关系，再回头来观察股价变化，就能看出趋势转折的关键点。但在实际的股票市场上却很难加以掌握。

在这里还有一个重要的事项。那就是在这些个股的走势当中，不要企图赚到上涨波段的整段所有利润。在这样的大波段行情中，只要赚取几次一至两成的利润就可以了。

对景气循环投资策略来说，并不以获取大幅度的利润为目标。基本上，每一次的投资都以10%～20%的获利为着眼点。

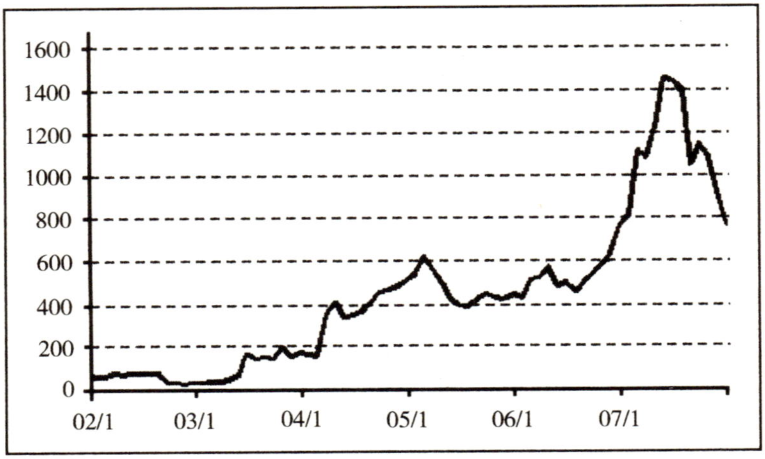

图2－10　日本冶金工业（5480）收盘价月线

比方说在2003年至2007年的大行情里，新日铁和住友金属都由底价上涨将近十倍，日本冶金工业更有高达50倍的涨幅。然而我们不可能由底部一路抱股到头部，赚足整段波段利润。如果忠实地去执行景气循环投资最为根本的“顺势操作”的话，能够取得的应该是相对小幅度的利润才对。“重复累积小幅度的获利”正是景气循环投资法所追求的目标，这实际上也是股市投资的本质部分。

另外，当股价突破前波高点时，要勇猛果敢地去买进股票。反过来说，当意料之外的下跌发生时，就必须要考虑卖出持股。停损规则的设定在这里就相当重要了。

顺势操作的投资，是以明天、后天、以后的价格都会一天比一天还要高涨为前提买进股票。反过来说，股价不如人意下跌的时候，就要以站在卖方为前提。景气循环投资策略的停损基准，当利润目标设定在正报酬

20%时，损失达负15%时停损，以正报酬10%为目标时，则应该以－7%左右为停损点。

何时应该撤退的决定标准，每个人都不尽相同。重要的是，要设定一套适合自己的停损规则，并且彻底加以执行。接下来，我们要为各位介绍几种对于执行停损有帮助的操作手法。

移动式停损

移动式停损，是指当股价上升时，配合将停损点同步向上提升的一种投资策略，对以顺势操作为宗旨的景气循环投资来说，是非常有效的手法。

举例来说，我们以1000日元买进某张股票，然后决定以900日元的价位作为停损点。当股价跌幅到达10%，我们就根据停损的规则，立即卖出股票。

反之，当股价上涨到1100日元，那就将当初设定的停损点900日元向上提升到1000日元，继续持有股票。如果股价再上升到1200日元的价位，就将停损点再向上提升到1100日元，还是继续持有股票。

像这样只要股价后势看涨，就不断配合提升停损点价位，持续保有股票的话，如果遇上像日本冶金工那样的大幅度的上涨波段，只要股价拉回时不碰触到我们设定好的停损点，就可以继续持有股票，如此便能够获得某种程度的上涨利润。

景气循环投资策略一开始原本设定的获利目标是10%～20%的报酬率，但如果运用移动式停损，每到达一次获利目标，就提升一次停损点的价位，原本只以小幅获利为目标，不过最后也有可能一口气获得大幅度的利润。当然，这不仅只是运用于景气循环投资策略，对一般的股市投资来说也是很有效的手法。

出脱持股的时间点

景气循环投资策略的依据是，在产品价格处于上涨趋势的时候要考虑买进，同样地，面临下跌趋势就要考虑卖出。不过不能只因为看到股价由顶峰急速下跌这样的情形，就冲动地融券放空。应该要先有充分的理由，才能卖出股票。我们可以做出以下分析：产品价格开始下跌的背景原因，可能存在景气开始衰退的隐忧，所以进行融券放空是有效的投资行为。像这样依序分析，才能说明卖出股票的理由何在。景气循环投资策略的一大特征就是不管上涨行情或是下跌行情，两种情形都能够获利。

这里姑且先不讨论融券放空，我们单就卖出手中持股的情形来进行解说。

当我们以先买进后卖出的操作方式进入市场时，出脱持股就是“获利了结”或是“融资卖出”。关于出脱持股的时机，大致可分为以下三种法则。

（1）顺势操作的卖出操作。

卖出的操作时机和前面说明过的买进时间点刚好相反。当股价突破前波高点时可以视为买点，反过来说，同样也可以做出“当股价跌破前波低点时就要卖出”这样的判断。

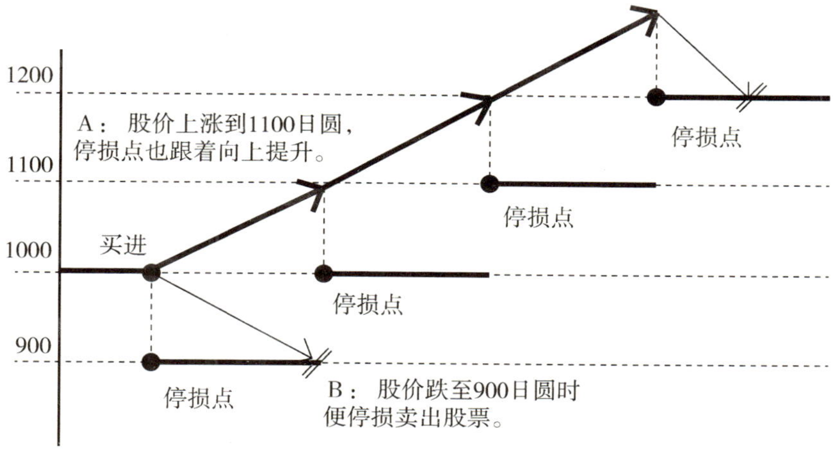

图2－11 移动式停损

我们再看一次日新制钢的股价走势图。

只要股价突破前波重要高点，就可以判断已经进入一段新的上涨趋势，同样地，只要股价跌破前波重要低点，就可以判断新的下跌趋势已经开始，进而判断景气已然反转向下。此时很有可能在背后有什么眼睛看不见的因素，造成这样的状况。也许我们借以判断买进股票的“物料价格”已经跌破前波低点，行情急速暴跌也说不定。这个时候就必须要考虑暂时撤退的卖出操作。

实际上就算物料的价格已经下跌，股价有时还会因为上涨趋势尚未停歇，延迟反应下跌的情形发生。因此，我们必须要密切注意股价背后的物品价格，诸如镍价、铜价、波罗的海干散货运费指数等，也就是我们之所以决定买进股票所根据的物品价格。当物品价格开始下跌，就要卖出股票。甚至累积一定经验之后，即使只是物品价格上涨趋势稍有停顿，或是下跌幅度尚未跌破前波低点，也会出现“这样的下跌很可疑，说不定趋势已经转变了”这样的危机意识。此时就应该要考虑暂时撤退出脱持股。毕竟把股票买回来的机会，以后还很多。

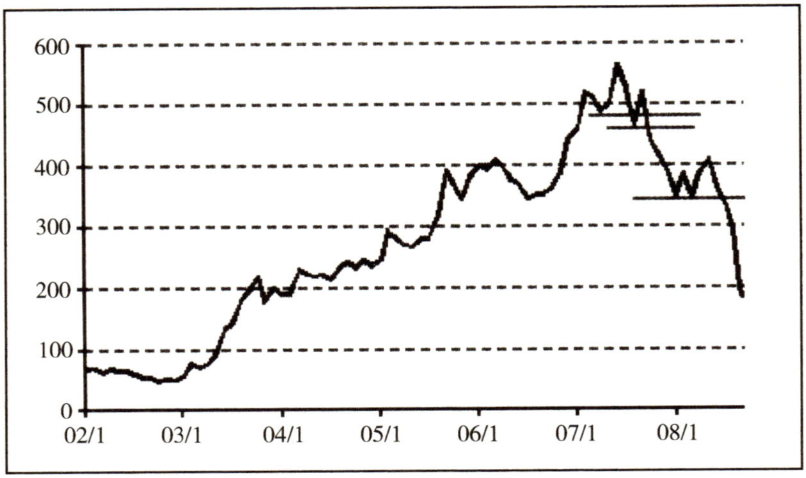

图 2 –12　日新制钢（5407）收盘价月线

（2）基于停损规则的卖出操作。

不仅限于景气循环投资，通常我们建立买进部位之前，都要决定两个卖出的价位点。一个是当价格上涨时的“停利点”，而另一个则是价格下跌时的“停损点”。

停损的基准会因为每个投资人的资产额度和买进部位占据总资产的比重，而会有不同的容忍范围。一般来说，获利了结的情形是以正报酬 20% 为目标值，另外则以负 20% 为停损点。这纯粹只是笔者个人的基准，各位当然也可以设定较小的停损、停利基准。

重要的是，一旦事先决定好停损点，只要股价触及停损点的情形，就要无条件出脱持股。此时千万不能犹豫不决，也不能因为自尊心而固执行事。停损规则不去遵守的话，就失去原先设定规则的意义了。这套规则正是保护我们在股票市场，不至于受到无法东山再起的损害的防卫措施。

若是到达原先设定的停利基准点，可以选择卖出持股实现获利，也可以利用移动式停损的操作手法将停利点向上调整，继续持有股票。不过切记要严格遵守停损规则。如此在反复进出股市之际，才能将损失控制在最小限度之内。

（3）长假前要无条件出脱持股。

长假，是指年节期间、5 月黄金周、8 月中元节连假等一般社会上所说的连续假期。此时不管手上的股票有没有获利，都要卖出全部持股。

自己要先做好心理建设。长假期间不知道会发生什么事情。如果什么事情都没有发生，假期结束后再机械式地买回同样的股票即可。如果有事情发生的话，那就选择暂时观望。这不管自己实际上在长假期间有没有休息，只要是社会上一般人休息的时期就要机械式地结束部位，这是笔者在实务经验上所学到的重点。

相信各位都有听说过“抱股过年”这样的说法。一般是不会这么做的，也许会有今年的景气相较以往气势大好，因此可以特别例外在年节期间也不出脱持股，继续保有仓位。但要提醒各位这毕竟是“特别例外”的特殊状况，原则上过年封关前就要出清持股，如果年节期间什么事也没有发生，过完年开红盘时再买回同样的股票即可。

另外，在 5 月黄金周长假前卖出股票，最近也愈显重要。虽然和景气循环投资没有直接的关系，但是观察最近几年黄金周前后，特别是黄金周收假后的行情常有急剧的转折发生。

明明一路顺利发展的上涨行情，过完黄金周后却经常有急剧转变的发生。造成变化的理由有许多，其中之一就是避险基金的存在。如今避险基金在市场上已经扮演举足轻重的角色，当其结算月的5月、11月来到，经常会使行情受到重大的冲击。特别是5月从月初就有卖压愈显沉重的倾向，反过来说，如果先前行情积弱不振，避险基金一路站在空方，此时就会面临大量空单回补的压力。

年度异常现象

掌握股票市场一整年的流程也很重要。在日本一个新年度的开始是4月，因此很容易都以4月为基准来考虑一切事物。但是在金融的世界，特别是股票市场，要以10月为起点较佳。整体来说，当年10月买进股票，次年5月卖出股票算是较为常见的买卖模式。

根据经验来看，一整年当中股价经常在9~10月急跌，11月至来年1月则因为前波跌深反弹而上涨居多。因此，理想的情形就是在股价最低潮的10月左右买进股票，持续保有到年底，然后因不抱股过年所以暂时出脱持股。如果新年期间什么事都没有发生的话，开红盘再把股票买回来，1~4月持续抱股，到了5月再卖出股票。

以商业的角度来看，7~8月有七零八落的说法。另外，9~10月日本股票市场则盛传“秋天有魔物栖息”，是一个股价很容易莫明其妙急跌的季节。因此，5月以后，过了夏天，特别是9~10月最好要将资金自股票市场抽离，就算要保有股票也是以短线操作为主，如果要考虑较为长期的投资就以 10 月为起始月，来年 4 月左右卖出了结，这样的操作风险比较低。以这种操作方法，自然而然就能避开 8 月中元节连假期间的股票投资。基本上，我们不需要将这些股票市场上的年度异常现象视为魔咒，但无时无刻保有仓位，确实也不见得是个好的投资策略。

以上针对三种出脱持股的时间点做了说明。特别是第二种和第三种，不仅仅是景气循环投资，整体股票投资都同样能够适用这样的理论。

景气循环投资实践报告

相信有很多人会怀疑，依照目前为止说明的景气循环投资策略去执行，是否真的能够提升获利呢？那么，就以笔者目前任职的株式会社 Fisco 所发行的景气循环投资报告《Business・Cycle 投资法》为依据，发表最近的投资绩效。

这充其量只是一份报告，不是实际的买卖历程。因此不能说是纯粹的获利绩效，但请把它当成一份参考数据来看。2008 年是一个非常严苛的投资环境。自 2007 年后半年开始，个人投资人的账面亏损经常会超过一般被认为已经是忍受极限的 20%。在这样的投资环境下，2008 年起算的这份报告里面，我们来看看景气循环投资策略的实践成效如何。

由于当初单纯地定下只要报酬率达 20% 就停利卖出的目标，因此，获利无法突破 20% 以上的情形，或是还没有触及停损点，就判断应该要卖出的情形两者皆有。

2008 年行情在 3 月 17 日，日经指数跌破 12000 点的状况下，就算是景气循环投资策略也面临非常严苛的处境。6 月以后也是一样，采取以报酬率20%为目标，一点一滴的累积相对较小幅度的利润，将风险控制在最小限度的投资方法。大多在－10%～－15%的时候就执行停损。如此一来，至少不可能会发生超过20%甚至30%的亏损。

股票名称	代码	刊登日	股价	卖出价格	涨跌幅
东京制铁	5423	1月29日	1070	1273	19.0%
新日铁	5401	1月29日	648	560	－13.6%
商船三井	9104	2月1日	1370	1391	1.5%
川崎汽船	9107	2月1日	1088	1085	－0.3%
大平洋金属	5541	2月5日	947	1285	35.7%
住友金属鉱山	5713	2月5日	1736	2255	29.9%
アドノ　ンテスト	6857	2月8日	2085	2645	26.9%
东京精密	7729	2月8日	1874	1953	4.2%
新日铁	5401	2月12日	564	560	－0.7%
商船三井	9104	2月15日	1511	1391	－7.9%
新和海运	9110	2月15日	804	706	－12.2%
三菱商事	8058	2月19日	3340	3270	－2.1%
丸红	8002	2月19日	819	811	－1.0%
住友金属工业	5405	2月22日	475	452	－4.8%
JFEHD	5411	2月22日	4760	4740	－0.4%
阪和兴业	8078	2月26日	511	490	－4.1%

续表

股票名称	代码	刊登日	股价	卖出价格	涨跌幅
住金物产	9938	2月26日	360	350	-2.8%
大同特殊钢	5471	2月29日	725	616	-15.0%
山阳特殊制钢	5481	3月29日	614	522	-15.0%
三菱商事	8058	3月7日	3270	2780	-15.0%
丸红	8002	3月7日	872	741	-15.0%
三井物产	8031	3月14日	2170	2604	20.0%
丸红	8002	3月14日	823	700	-14.9%
合同制铁	5410	3月18日	315	354	12.4%
东京制铁	5423	3月18日	1272	1454	14.3%
新日铁	5401	3月25日	506	580	14.6%
JFEHD	5411	3月25日	4390	5268	20.0%
日本邮船	9101	3月28日	958	1026	7.1%
商船三井	9104	3月28日	1214	1460	20.3%
长濑产业	8012	4月1日	1076	1115	3.6%
第一实业	8059	4月1日	468	439	-6.2%
住友金属鉱山	5713	4月4日	1865	2060	10.5%
三菱マテリアル	5711	4月4日	466	499	7.1%
中央电気工业	5566	4月8日	1052	1263	20.1%
日本电工	5563	4月8日	996	1196	20.1%

续表

股票名称	代码	刊登日	股价	卖出价格	涨跌幅
东京エレクトロン	8035	4月11日	5800	6960	20.0%
アドノ　ンテスト	6857	4月11日	2710	2304	-15.0%
新日铁	5401	4月15日	518	580	12.0%
JFEHD	5411	4月15日	4920	5770	17.3%
日本邮船	9101	4月18日	1002	1026	2.4%
饭野海运	9119	4月18日	1180	1173	-0.6%
大阪チタニウム	5726	4月22日	7400	7350	-0.7%
东邦チタニウム	5727	4月22日	2830	2825	-0.2%
大和工业	5444	5月9日	4910	5900	20.2%
合同制铁	5410	5月9日	385	327	-15.1%
新日铁	5401	5月16日	676	585	-13.5%
住友金厉工业	5405	5月16日	503	466	-7.4%

市场环境虽然严苛，但起码还不至于到崩盘的凄惨境地。从事股市投资，难免会有失败。为了要长久存活在投资市场，就不要只想获得大幅度的利润，而应该以稳健向前，逐步进攻为目标才是上策。

*参考文献　新井邦宏着《信用交易实践圣经》

重　点

价格的上涨、下跌以什么为判断依据？

◎突破前波重要高点（低点）

◎以“顺势操作”投资为宗旨

◎以正报酬20%左右为获利目标

◎严格执行停损

（三）景气循环投资策略的优点与缺点

关于景气循环投资策略的实践操作，我们到目前为止，已经针对价格数据的应用方法和图表的解读方式，以技术面为中心做了一连串的解说。在这里我们要再一次回到原点，为各位说明景气循环投资策略到底有什么优点和缺点。首先，景气循环投资策略的特征，可以归纳出以下5点。

（1）不需要劳心费神选择个股。

（2）不必去预测未来。

（3）投资期间长短、投资模式都没有限制。

（4）不需要去判断股价是偏高或是偏低。

（5）不需要依赖其他人。

接下来，我们依序说明以上5点特征。

景气循环投资策略的特征

（1）不需要劳心费神选择个股。

景气循环投资策略在某种程度上，早已经事先决定好要投资的业种和个股。关于这点，先前我们也有提到过。

从一开始，投资的对象就限定在与景气敏感联动的类股，接着在其中找出目前产品价格波动最为活泼的业种，最后再依投资人各自的投资性格，自由选择大型股或是小型股就可以了。

以钢铁股为例，若想投资大型股，就可以挑选新日铁、住友金属、JFE 控股公司这三家投资标的。非铁股就选择住友金属矿山或是三菱综合材料。综合商社就挑选三菱商事、三井物产、伊藤忠、丸红等。海运股和建设机械也是一样，挑选某种程度上已经事先决定好的投资标的，再依照那些个股各自的状况进行买卖。

我们并不是在东证一部为数众多的上市个股里四处寻找适合投资的个股，而是在原本就每天密切注意的个股当中，配合当时的景气（物料的价格）动向来做出买进或卖出的判断即可。

景气循环股的投资时机，如果只看一个业种、一只个股的话，一年之中应该进行买卖的时机，大概只有少数几次而已。一年之中如果有 4 次买卖点的话，就算是多的了。不过，即使只有这种程度的买卖频率，对股市投资来说也已经足够了。当然，要多买卖几次，或是少买卖几次也无妨。重点在于自己如何去解读物料的价格与股价之间的关联性。

顺带说明，景气循环股以外的业种，大多会有接续景气循环股之后开始变动的倾向。这即使是代表日本产业的电机业、汽车业或是银行金融业也是一样的。因此，只要在景气循环业种确认景气的领先性无误，再将投资触角延伸到这一些个股就可以了。

以这样的方式进行说明，也许有人会认为这是将股市投资当作外汇交易，或是商品期货交易，这类单一商品的买卖操作方法也是这样。既然如此，就会有人提出“既然是把股票投资当作单一商品操作的话，那不如投资日经225期货，或是指数权证就好了”。这样的意见。不过这是完全不一样的。请各位回想一下景气循环投资策略的原理原则。

股价就代表了景气本身，两者之间的联动变化，是因为关联业种或企业的营业额是以“数量×单价”来表现所致。当数量的变化在还无法以眼睛观察到的时间点，股价就已经开始发挥其前瞻性了。

另外，单价的变动从根本上讲，与其说是前瞻性所致，倒不如说是反映出景气本身的影响。像这样能够将营业额的变化，分解成数量和单价来探讨的，除了个别的股票之外不作他想。日经225期货或是商品期货，从与景气的联动性这个角度来看，买卖之际的判断基准并不明确。

虽然说商品期货市场的波动，就等于物料价格本身的变动，但笔者认为即便我们能够借由商品的价格动向，来作为股价变动的判断依据，如果要进行商品期货本身的买卖却还是非常困难的。

此外，既然我们不需要去挑选个股，极端地说，甚至连总体经济指标分析都不用了。因为我们要做的只是观察现在的物料价格，还有景气循环的周期，并不需要参考各项财务报表的分析。

新日铁和住友金属工业这些从以往到现在，都是日本知名大企业的股票，就算股价曾经一度跌破票面，但跟随着国内外的景气循环而反复上涨、下跌的习性是不会改变的。当景气重复好坏循环，股价也会反复上下变动。

再说，景气循环投资策略不用去预测企业未来的业绩。“数量 × 单价”所代表的物料价格变动本身，就会在前面引领企业业绩的行进方向。只要掌握住数量和价格的动向，稍后业绩就会跟着变动。这个业界正如同巴菲特所定义一般，业绩的表现完全依赖设备稼动率的高低。

这种情形在日立或东芝这类电机业界、三井不动产等不动产业界、丰田汽车等汽车业界则是大不相同。这些产业和景气循环业不一样，光看设备稼动率的高低并无法掌握到业绩的好坏。因为不能单纯以“数量 × 单价”来解释业绩内容。日本的移动通信运营商（NTT DoCoMo）、经营优衣库（UNIQLQ）品牌的迅销公司同样也是如此。在这些领域都需要透过各项财务报表的分析，以及针对未来收益的预测，才能够选定投资个股吧。

甚而言之，景气循环投资策略就连技术分析都不太需要。“突破前波重要高点就买进，跌破前波重要低点就卖出”这点虽然也算是十足的技术分析，但对我们来说充其量只是技术性的操作手法，与其说是分析，倒不如说是一种技术诀窍或是思维模式比较贴切。除了这个技术诀窍以外，只管专心追随物料的价格变化就可以了。

（2）不必去预测未来。

对景气循环投资策略来说，不必去预测景气未来会朝什么样的方向发展。虽然景气动向是我们买卖股票时最重要的判断参考依据，但完全不需要去预测景气后势。各位只要如同前面所述，单纯地去追踪物料价格的变动即可。明天会发生什么事，谁也无法预先知道。

明天的价格如果上涨就买进，要是下跌就卖出。若之后的日子又下跌了，这也不算是预期落空，只能判断说是昨天和今天相较之下，世界上的趋势再次发生了变化，我们也不需要因此感到挫败消沉。如果价格符合停损条件，那就机械式地出脱持股就好，仅止于此罢了。对于必须执行停损这件事，也不用去责备自己。发生亏损当然在资金面上会受到伤害，但这都控制在可以容忍的范围内。凡是从事股票投资操作，难免会遇到这种情形，要能够从容地去面对这个想避也避不开的事实。

股市投资的经典名著和投资大师们，都不止一次强调停损的重要性，但实际要去执行却是知易行难，这是因为人类的心理有强大的障碍。也就是说，对于自己预测的结果往往过于执着，当意料外的变化发生时，不愿立即接受事实，因而错过了最佳的停损时机。

参加奥运以争夺金牌为目标的运动员，如果最后只拿到铜牌的话，会因为无法原谅自己而流下不甘心的眼泪。对于电视机前面的我们来说，铜牌已经是相当了不起的成绩了，但对于以站在世界的顶点为目标的选手来说，还是无法接受自己不如预期的表现。像这样强烈的自尊心，正是引领选手们深潜后再次跃起的原动力。

不过在股市投资的世界，我们不需要以金牌为目标。我们不需要和别人竞争，比较谁的投资成效比较好，甚至连奖牌都可以不要。重要的是经常性地取得10%～20%的正报酬率，如此一来，在股票市场就可以算是了不起的胜利者了。

股市投资最要紧的就是要排除造成重大损失的所有可能性。因此，一旦察觉趋势有变，就要马上逃离现场。要是被无谓的自尊心所束缚，来不及在受伤尚浅的时机脱身，等到发现情况不对的时候，已经陷入股票想卖都卖不出去的困境之中。要想排除自尊心的影响，就要尽可能不对未来做任何的预测。正如同投资大师们一再告诉我们，股市投资里最大的敌人其实就是我们自己。

（3）投资期间长短、投资模式都没有限制。

股票市场里经常会讨论到究竟是长期投资比较好，还是短期投资比较好，抑或是短线交易、当日冲销交易哪个比较好这类的议题。不光是投资的期间长短，还会针对大型股、小型股等投资模式，成长股或价值股等投资对象的挑选进行讨论。

当然，依照投资人的个人偏好，每一种投资模式都各有所长。以景气循环投资来说，基本上不管是长期、短期，或者说是大型、小型，这一类的议论几乎是没有意义的。总归一句话，“什么方式都可以”。倒是在投资对象的选择上，一般都有偏向选择厚重庞大型的“大型设备产业”的倾向。

以投资期间长短来说，只要产品价格持续上涨，在不抵触停损规则的前提下，就可以一直持续保有仓位。就结果看来，要是能顺利搭乘上升气流，就能够获得相当幅度的利润。不过也不能因此做出长期性的景气循环投资就等于“买进和持有”的投资方式这样的结论。这最多只能说是恰巧景气的上升趋势长达半年、一年，长久持续下去造成的“结果”罢了。

当然，在不同的景气阶段中，同样有可能会以一周为单位重复执行“买进又卖出”的操作。也就是说，景气的动向反映在物料价格的变动上，而景气循环投资依据其变动来进行买卖，完全不需要固守特定投资模式的成规。

前面的章节有提到景气循环投资的获利目标设定在正报酬 10% ~ 20%。其实正 20% 的涨幅还算是保守的数字。

比方说，我们看景气循环个股中，最具代表性的新日铁的股价表现。自 2004 年前后，中国和印度这些金砖四国的经济成长具体实现以来，股价由当初的 200 日元一路上涨到 2007 年 7 月的 964 日元价位。也就是说，相较当初的 200 日元，股价上涨幅度将近五倍。像这样的股票涨幅，虽然需要花费一定程度的时间才能达成，不过即使是大型的景气循环股，只要顺利搭上景气扩张的波段，股价大幅上涨的例子还是随处可见。

美国著名的基金经理人彼得·林奇在著作中曾经提到，如何找到大涨十倍的狂飙股，将会是迈向成功的快捷方式。不过就算是彼得·林奇，以投资 10 只股票为例，5 倍股和 10 倍股各有一只，而有 4 只成绩差强人意，剩下来的 4 只股票则是亏本收场。然而，我们在此设定为投资对象的景气循环股票，在一次的景气循环波段当中，很容易就能够有 4 ~5 倍的获利幅度。

住友化学由 300 日元上涨到 1000 日元。海运股的川崎汽船也是一样，先不管谷底期间的价位，一般人都开始察觉到这只股票值得投资，在 500 日元左右开始，一路涨到 1700 日元，算算有 3 倍以上的涨幅。在这 3 ~4 倍的涨幅当中，我们只要在其中取得两三成，顺利的话取得五成左右的利润应该就已经足够了。

投资期间长短可以配合景气扩张的力道做伸缩调整，投资模式倒不一定要做什么特别的选择。获利目标虽然是10%～20%，但只要能顺利搭上景气循环周期的话，就能取得相当程度的利润。此外，这样的投资绩效是将仓位建立在众所周知的大型股之上所得到的结果，如果以小型股为投资标的，相信报酬率还可以有再提升的空间。若是用图表来做呈现的话，横轴代表投资期间长短，纵轴代表价格涨跌幅，各位可以依照自己的选择，去决定各项条件的设定。

（4）不需要去判断股价偏高或偏低。

景气循环股就像是“蝙蝠”一样，当景气大好的时候，容易被误认为是“成长股”，反过来说，当位处景气谷底的时候，又被归类为“价值股”。不过，它的真面目是景气循环股。

例如，2006—2007年兴起的金砖四国景气开启了一波大行情。所有人都认为钢铁产品的需求量大，在短时间内无法轻易得到解决。虽然日本的改正建筑基准法在2007年6月开始实施后，多少会影响内需市场，但中国和印度等亚洲市场的建筑热潮看来方兴未艾，一般解读钢铁的需求扩张会一直持续到2010年为止。

如此一来，原本是景气循环股最具代表性个股的新日铁，看起来就像是声势一飞冲天的强力成长股。同样的，三菱商事、KOMATSU、商船三井等个股也同属此类。

反过来说，当处于不景气的谷底时，若是依照以前的操作思维，股价非得跌破50日元的票面价格方肯罢休，这也是景气循环股的特征。在不景气的谷底，景气循环股由成长股摇身一变，每股亏损的金额相当惊人。股利减少或停发的状况层出不穷，股价一路下跌到只剩下资产价值在支撑。

稍早前还被大家评价为声势一飞冲天的明星成长股，如今股价却下跌到以每股净值和股价去作比较的 PBR（股价净值比）来评论的股价水平。当景气来到谷底，景气循环股就成为只看 PBR 高低来做评断的价值股。

景气大好的时候被推崇为成长股，景气极差的时候又被视为价值股，景气循环股就像是“蝙蝠”一样，带有两边都不是的特质。事实上景气循环股只不过是依循景气循环，表现出正确的变动而已，既不是真正的成长股，也不是真正的价值股。

此外，这种有如“蝙蝠”的性格，其实是因为有一个重要的因素影响，我们可以当成是景气循环投资的应用篇。在景气循环投资中，作为投资判断的参考数据几乎都派不上用场。

特别是 PER（本益比）在景气循环股当中，不管是什么状况下都完全没有用处。本益比是以每股股价除以每股盈余计算出来的。景气衰退情形下的景气循环企业，要不就是每股利益是赤字亏损，要不就是未来的业绩预期会有下调的动作，本益比几乎发挥不了参考作用。

另外，在景气好的时候，因为景气越好每股盈余就越不断地飙升，纵使股价上涨，本益比还是维持低于市场平均值的状态。即使在股价的头部（景气扩张阶段），预期本益比只有 5～6 倍的个股仍然随处可见。

2007 年底到 2008 年初，景气循环股的海运股或钢铁股的本益比都只有 10 倍左右。市场平均本益比在 2008 年的时间点约为 16 倍，本益比 10 倍可以说是低于市场的平均值。

“本益比只有 10 倍，所以和市场平均值比较相对便宜”话虽如此，但股价却还是继续下跌到此时价格的一半以下。在股价和景气的头部，经常可以看到像这样本益比只有10倍，股价仍然一跌再跌四五成的现象。其后即使本益比降到6~7倍，股价跌势仍未见停止，一直往下跌到只剩当初的一半甚至三分之一。这就是景气循环股在行情反转的明显特征。

那么，为什么会有这样的现象发生呢？相信用心的读者们已经发现。这是因为股价的头部会比景气的头部还要提早出现。股价的下跌发生在景气持续扩张的进程当中，一方面每股盈余还在增长，另一方面股价却不断地下跌，两者相除计算得出的本益比自然会一路下滑。如果在此时基于本益比低这个理由而买进景气循环股的话，随之而来的就是不忍卒睹的惨状了。即使如此，若是仍然继续奉“本益比低就买进”为金科玉律来操作，就景气循环股而言，难免总是买在头部的价位了。

景气循环企业的股价，不会因为相对于获利水平偏高或偏低的概念来产生变动，而是依据营业额（景气）的前景来产生变动。

如同前面所述，营业额可以用“数量×单价”来表示。即便数量的变化难以掌握，但是单价的变动会对未来的营业额变化造成影响。而且单价的变动和企业获利的前景毫无关系。单价的变化会决定营业额（获利）的变化，但获利的前景却不能决定单价。

我们在这里再次以镍价为例来说明。

镍的价格是依照供给与需求之间的关系来决定。不过到底镍的合理价格为何？没有人知道。当镍价为每吨1万美元的时候，大家觉得这就是合理价格，但如果每吨到了5万美元的价位，也可能还是被认为是合理价位。然而在股市投资的世界里，有每股净利存在，股价一般不会过于偏离这个每股净利所形成的价格水平。为什么呢？这是因为基本上市场内是存在着股价的合理价位的。

不过商品（初级产品）的价格纯粹依据需求来决定，可以说完全没有足以判断其价格是否合理的量尺标准。2008 年夏天，原油价格高涨到一桶 150 美元的空前高价。虽然一度形成顶峰，但市场上有人预测将来的原油价格上看 200 美元，同时却也有人持 70 美元才是合理价格的看法。究竟要以什么标准来作为合理价格的判断基准，任谁也不知道。

景气循环股的股价是随着这种，没有投资量尺标准，无法判断价格偏高或偏低的初级产品价格，一起联动来决定股票价格。拥有如此特性的股价，若是以股票市场独有的惯例为基准，用“获利水平如何”“本益比偏低”等理由，来进行股价高低的判断的话，并不怎么具有说服力。同样的，企业未来的获利前景，对景气循环股的股价来说，也没有任何意义。

投资指标当中广为人知的股利收益率和 ROE（股东权益报酬率），也无法用来说明景气循环股的股价变化。因为景气好的时候，股利的发放都很爽快。但是景气循环业，在好景气的顶点时，股价大多早已经由顶峰开始下滑。这和本益比的道理是一样的，在好景气的顶点时，会发生股价已经向下反转，但是股利发放的金额却是进一步向上提升的情形，如此一来，股利收益率很容易被错误解读，评价为极高的水平。

要是被高股利收益率所吸引而去投资景气循环业，迟早会在随后而来的景气衰退阶段，面临股利减少甚至不发放的惨状。我们绝不能以股利收益率的高低来判断景气循环业种是否值得投资。

同样的，股东权益报酬率也会因为作为分子的企业净利，在好景气的背景下创造出高额数字之后，马上遭遇到股价下跌和获利水平减少的困境。仅靠高股东权益报酬率这项因素，并没有办法阻挡股价下挫。

因此，一般众所周知，投资人用来作为投资指标的方法，对景气循环投资策略来说几乎都完全不适用。只有一点，不景气谷底时的股价净值比（PBR），会发挥股价落底时的价位支撑的作用。一旦到了价格谷底，利用股价净值比，以价值股的角度来评断景气循环业的股价是可行的。不过，当那样的情形发生时，通常业绩都已经相当惨淡，股利也暂时没有发放的打算，是否真的具有投资的价值，确实要打一个问号。

（5）不需要依赖其他人。

景气循环投资策略只需要根据投资人自己本身的判断就能够进行一切股市操作。股市投资里需要我们下决定的地方其实并不多。首先是“要买进什么?”，其次是“什么时候买进?”，再接下来是“什么时候要卖出?”或是“是否不卖出继续持有?”，周而复始地做出这些决定。

比方说，某位分析师判断应该要买进丰田汽车的股票，同时另一位经济学者则判断应该要卖出同一家公司的股票。诸如此类，分析师、策略师、经济学者们所做出的投资判断，在股票市场受到相当程度的重视，如果投资人同意他们的看法就买进丰田汽车的股票，如果反对就按兵不动，不进行任何操作。世界上充满了各式各样的参考意见和推荐个股，但专家们也不是万能的。他们的看法有时候准确，有时候却不是这么回事。而且，一旦失准过一次，投资人就会认为这个专家的建议不足当作参考，转而寻求其他专家的意见。

对景气循环投资策略来说，需要其他人提供意见的情形少之又少。单纯的只要看到物料的价格上涨，就依据这个事实做出景气反转向上的判断，买进该业种的个股。反过来当物料的价格下跌，就半机械式地做出卖出持股的判断。股市投资里需要去下判断的决定事项，靠自己一个人就能完全处理完毕。

分析师和经济学者所做的都是针对未来的预测。而景气循环投资最重视的是对于现状的认识。如何正确地掌握现状，进而去思考经济和景气这些最为根基的部分，这才是关键所在。

姑且不论多头市场的情况，只要能够活用信用交易的放空交易，就可以充分避开在空头市场里遭受伤害的可能性。景气循环当中上涨和下跌是以同样的频率来临，因此就算在空头市场里，也能够在不造成精神压力的情形下，以放空交易来做出因应对策。

总而言之，景气循环投资策略与股票市场上一般使用的通则有很大的不同之处。因此，要以和一般方式不同的心理准备，来接触这样的投资方法。

当然，景气循环投资策略也不是100%保证正确无误的万能武器。市场上充斥着买方与卖方之间难以计数的思维与算计，绝对不可能完全依照理论，依照我们所设想的方向去演变。即使物料单价已经开始在真实经济的市场里上涨（或下跌），也无法立即反映在金融市场里的股价表现的例子比比皆是。

特别是最近基金的蓬勃发展，法人在股票市场持有的基金比重前所未有的高扬，当避险基金代表性的投资基金到了结算期前后，经常会引起世界各交易市场的强烈动荡不安。日币利差交易的部位不断增加，或是商品市况屡创新高，等等。一旦这些状况发生之后，就很难光以经济和理性层面来做说明。届时价格会受到市场上独特的供需关系所支配，不断地发生剧烈的波动。

即使如此，扣除掉近几年市场上越来越显著的短期供需失衡等特殊的变动因素，景气循环投资策略在掌握现状这点上还是能够有正确掌握股票市场整体变动的六七成效用。这是笔者基于实际体验所得到的感想。在股市投资的世界里，只要能够掌握六七成的正确信息，就有足够奋力一战的充分条件了。

虽然另外还有三四成的变动无法掌握，这是因为前述的基金热钱动向难以推测所致。对股市投资来说，三四成应该是可以接受的误差范围才对。事前做好有这种程度误判可能的觉悟，再加以严格执行停损规则来因应各种变量，最后一定能提升获利绩效。充分掌握整体的60%～70%，剩下的30%～40%以完善的风险管理来克服，从长远的眼光来看，如此已经可以算是成功了。

两大投资法

在此我们简单说明何谓成长股和价值股，供各位参考。

◎成长股

成长股，指的是伴随企业的获利高度成长，股价也跟着飞跃上涨的一类股票。特性则是以未来发展为着眼点。明年度的业绩要比今年度好，后年度又要比明年度好，盈余总是要持续成长。成长股投资的本质，在于以目前这个时间点，去针对3年后、5年后才会实现的企业获利水平，用市场上的股价来进行评价。

不用说，评价的基准自然是“营收与盈余的成长率”。那么，到底盈余成长率要到达多少，才能被称为成长股呢？那就要综合考虑：营收与盈余相较过去成长了多少？未来遇到同样的环境、同样的理由，是否还能继续成长？经营阶层对公司的治理是否完善？有无竞争同业出现？需要用以上几点来进行判断。

成长股投资除了手上持有的企业股票的价格，有可能大幅上涨的无穷魅力之外，另外其实是一种非常困难的投资方法。原因有好几个，首先要举出的就是，选择投资标的个股很困难。毕竟成长股并非以过往的数据来判断其成长性，而是以 3 年、5 年、10 年后的前景预测，来找出哪只股票是成长股，这可不是一件容易的事。

此外，就算我们透过成长性的分析，找到作为投资标的的个股，还需要有长久持有该股票的耐性。如果只是 3 个月内股价上涨了两成左右，这是不能称为成长股的。那只能算是单纯在市场上一时之间的人气汇集，所造成的两成涨幅罢了。成长股在每个成长阶段的股价变化，都是呈现出阶梯状的上升曲线，因此，要想真正获得成长的果实，需要很长的一段时间。

若是以数据面来看，还必须要去克服内心对于本益比经常性偏高的恐惧感。一般来说，本益比越低代表股价越是便宜，但因为我们对成长股的评价基准不是针对现在此时此刻，而是将眼光放在未来的前景，所以本益比这个数据指针就几乎完全不适用了。

成长股特性越明显的股票，投资人越是会因为对其 2 年后、3 年后、5 年后的营收和获利的前景预测，来认同现在的股价。因此，在计算本益比时，作为分母的每股税后纯益，理应不使用现在这个时间点的数据，而要以未来（包含期待心理在内）的预估税后纯益来计算才对。于是就在这里出现了“股价明明是因为未来前景看好而上涨，但是作为本益比计算基础的每股税后纯益，使用的却是现在这个时间点的数据”的陷阱。如此一来，本益比在计算上自然就会显得居高不下了。

成长股在我们眼里看来，股价经常显得相对偏高。以实际买卖的角度而言，非常难以判断究竟何时可以买进股票。而且就算买进了股票，也常常会因为股价偏高的惧高症，而需要相当大的勇气才敢长期持有。这也可以说是成长股投资的一大难处。

从另一个观点来看，成长股投资的困难之处，还在于当股价开始下跌，投资人此时往往才要面临真正的恐惧感。货真价实的成长股很少出现，当偶尔出现后，马上会受到投资人的大举抢进。像这样的个股，一旦市场传出这家公司不再拥有过往的成长力道的风声，股价开始转而下挫之时，下跌的幅度将会非常的惊人。

这也是因为市场上原本将其视为成长股，尚可容忍本益比过高的情形，一旦当企业失去成长动力之后，立刻会被打落至与市场平均本益比相当的价格水平这个现象，才会导致股价大跌。

当以往稳定维持在本益比 60 倍左右的成长股，跌落至本益比 20 倍不到的市场平均值时会如何呢？明明企业的盈余成长率和预期获利水平，相较以往并无太大差异，但股价却在一瞬间惨跌到三分之一以下的现象就在所难免了。不管是好是坏，成长股的特征就在“高本益比”这一点。

适合成长股投资的投资人

如果眼光看得准，成长股可让你收获丰硕，但在得到成果之前却要忍受相当程度的痛苦。投资人必须具备什么样的资质，才能在成长股投资里获利呢？要求的资质有好几项，其中笔者认为最重要的应该就是洞悉时代的眼光——也就是构思未来的能力。

这个世界接下来会流行什么？什么产业会成长？世界会演变成什么样子？而在这些判断的过程中，应该要投资什么业种？哪只个股？这一切都取决于最初的构思，也可以说是某种“灵感”吧。而这个能力是无法借由训练来习得的。

世界上有一些职业的工作是专门将心里的构思和灵感转化为实体来呈现。诸如广告文案人、小说家、编剧、电影导演或音乐家等，这些走在时代的前端，从事与艺术相关工作的艺术家们就属此类。他们的工作就是在深思熟虑之中，受到某种启发而产生灵感，进而追根究底去求得自己所追寻的理想。在这里需要的是某种程度的天才和感性的人格特质。

举一个极端的例子来说，如果各位读者的朋友里面有“办公桌总是杂乱无章、没有时间观念、既不体贴旁人、个性也很尖酸，唯独灵感充沛这点实在是个天才！”这样的人，也许他在成长股投资这个领域可以发挥令人赞叹的才能也说不定。

成长股投资需要某种程度对于时代的敏感度。近十年来成长幅度最大的要算是雅虎了吧。1997 年股票正式上市，在 2000 年的科技泡沫行情当中，股价一路狂飙，创下股票史上最高价位的 1.67 亿日元的纪录。

在这段过程中，什么时间点才发现雅虎是成长股，完全依靠投资人本身的感性能力。如何能尽早发现雅虎是成长股，相信个人本身的才能部分要占据绝大部分的因素。当世界上出现了全新的文化、思想以及生活习惯，成长股投资者要能够敏感地接收到这个讯息，并且毫不抵抗地在第一时间接受它。

顺带一提，笔者属于食古不化的守旧派，实在很难习惯像这样的新文化。如此性格的人，想必很难在社会构造大幅改变的时候，找出新的领头活跃企业。当初任天堂的 Wii 和 Wiifit 问世之际，笔者既不特别有兴趣，也没有主动去接触，如此要怎么去评论任天堂的未来发展呢。

不过，成长股的特征是看准风潮就可以获利，另外，万一看走眼的风险也同样惊人。这是因为成长产业在业界内部的彼此竞争非常激烈，许多充满自信的经营者都各拥势力企图要新入战局。雅虎当时也面临了无数的竞争对手的考验，才能够在网络的黎明期获胜存活下来。然而，即使是雅虎，最近也受到了 Google 的压制。

要在产业中寻找成长企业真的是一件很困难的事情。原本以为是赢家的企业，可能下一秒钟就败下阵来成为输家。到了那个时候，股价惨跌的幅度可以说是叫人不忍卒睹。不过，像这样激烈的新陈代谢，应该也可以说是股票市场和资本主义的活力源泉吧。

◎价值股

与成长股特性相反的就是价值股。价值股投资看的不是未来，而是现今这个时间点，针对此时的企业价值去进行评价。某家企业在本质上具有一定价值，但是在目前的股票市场的评价（市价）却显得偏低，于是就投资买进该企业的股票，持续持有数个月、数年，直到股价恢复到正常水平为止的一种投资策略。

在这里的评价重点在于“企业的实体价值”。不过，这个企业的实体价值的定义，有着一个既旧且新的问题。

实际上，我们要以何种数据来判断企业的实体价值呢？甚而言之，企业是否真的有合理价值、合理价位呢？为了要探究这个问题，20 世纪的经济学家和实务家，曾经建构了各式各样的理论。我们在这里很难归纳出一个正确的结论，因此，我们采用 PBR（股价净值比）这个衡量资产价值和股价之间对比关系相对明快的指标，来作为后续论述的依据。

如果说成长股属于某种天才的、感性的世界，那价值股就是优等生的领域。举例来说，价值股投资所必需的资质，是如同官僚一般的行政执行能力。要以各项财务报表，特别是资产负债表，仔细研究企业价值、并购价值之后，选出倒闭风险最小，资产价值最为丰润的企业。这是属于精打细算的世界，适合擅长于缜密计算数据的投资人。

如果说成长股是在对企业动态的一面进行评价，那么价值股就是针对企业在某个时间点的静态评价为基础的投资策略。股价既然已经落在谷底，就不会再有大幅度的下跌，也不会有像成长股那样股价位于高档而有恐高症令人难以承受的忧虑。

价值股的弱点

可是价值股投资有一项成长股所没有的弱点。那就是“一切归零”的不安感。明明作为判断依据的各项财务报表都会公之于世，属于谁都能取得的公开信息，但就是没有人会给予那个企业适当的评价，造成股价一直处于偏低的状态，乏人问津。有可能今天没人买这只股票，明天、后天也都没人买，这样的不安感和股价被低估的价值感是表里一体的。这家企业可能是在明天，也可能是在一年后，甚至有可能是在未来的数年之后，才会在市场上获得合理的评价。搞不好甚至永远都不会获得其他投资人的青睐。即使如此，价值股的投资人会以不管等到什么时候，都愿意等下去的耐心，来克服这样的不安心理。

没错。价值股有着不知道到底什么时候才能迎接上涨行情的弱点。曾经在日本市场呼风唤雨的海外并购基金，如今也因为忍受不了漫长时间的等待，而开始考虑自日本市场撤退。

价值股的投资人借由股价净值比之类的指针，找到价值股的候选个股之后，就会坚持“虽然不知道要等多久，但迟早一定会上涨”的信念，愿意耐心地长期持有股票。

在这段时间内，不管其他人气个股的股价在股票市场里如何的活跃、屡创新高，也能够完全不受影响，只抱着自己相信的价值股，耐性十足地等待下去。而这就是价值股投资人所被要求的人格特质吧。

什么样的投资人适合价值股投资

不管是什么样的投资模式，都需要注意各项公开发表的数据。而其中特别擅长逐条逐项研究各项财务报表的人，应该就很适合从事价值股投资。价值股投资并不是“对企业的光明前景打分数”的投资法。不管未来会怎么样，投资人看重的只是现在这一瞬间，这家企业所拥有的资产价值精算结果（特别是股价净值比）。简单来说，就是加法和减法的计算题。不过这里还是需要懂得如何去计算资产价值最低限度的会计知识。

企业的资产负债表大致上区分为资产、负债、资本这三大项目。要对企业的资产价值做评价，需要有资产和负债这两项。企业拥有多少资产？属于什么种类的资产？是现金、土地还是有价证券？为了持有那些资产，一共借了多少钱？是向银行融资？还是发行公司债券？

这一连串的详细调查被称为“资产价值的认知”。再将资产和负债经过加法、减法计算后求得资产净值，如果觉得市场上的股价比资产净值便宜，那就选择买进股票，然后长期持有不动。价值股投资人的操作手法就是像这样的模式。

企业经营中还有许多像是营业权、品牌价值、销售网、专利权、技术能力、经营者资质等，这些用眼睛看不见，用金钱也无法衡量的重要因素存在。这些隐性的因素在会计账面上都无法得知，因此也难以用来评断企业的优劣。不过价值股投资的精髓所在，就是要将那些隐性因素纳入考虑来计算企业价值，在账面上股价净值比不到一倍的企业当中，挑选出优秀的企业来进行投资。

这就像是在海边的沙粒当中，要找出一颗钻石一样的工作。基本上这份工作，还需要以在数字上一点一滴分析企业真实面貌的毅力和兴趣作为支撑。只有真心喜爱这一连串作业的人，才能够享受到发现别人所未能发现之处的喜悦。而这样的人，也可以说是最适合于从事价值股投资的人吧。

与景气循环投资策略的比较

景气循环投资策略是一种活用周期性的投资模式。这里所说的周期性，指的就是景气循环，而这是根据“历史总是会一再重演”“世界上完全没有新的事物”这样近乎某种程度的谛念而形成的概念。

否极泰来，盛极而衰。景气循环投资策略既没有成长股的那种戏剧性发展，也没有价值股经过缜密的计算后，找出黑暗中的光明的那种成就感，乍看之下，可以说是缺少乐趣的投资策略。毕竟作为景气循环投资对象的产业群，都是被分类于原物料类股的股票，在经济界的地位可说是既传统又朴实的角色。

再加上企业的产品或服务范围只限于提供基础原物料，在社会上连产品名称都不为人所知。完全不像丰田汽车的“PRIUS”或是夏普的“AQUOS”那样，时常在电视广告里可以看到的新型车款或是视听设备，不但在社会上知名度高，同时也受到大家的喜爱和赞赏。然而，像这样的幕后英雄，才正是我们配合景气循环去追寻的投资对象。

能够在追求景气循环的平淡过程中感受到喜悦的投资人，说不定需要具备和成长股、价值股投资人不同的资质。既没有天才般的灵感，也没有在会计上挖到宝的乐趣，我们拥有的只是经济层面的景气循环理论而已。我们所要做的重点，就是遵循单一的法则，半机械式地去观察这个世界上的经济活动即可。

相信已经领会过景气循环投资策略优点的投资人，对于股市投资的根本想法将会有所变化，至少不会再害怕不景气的到来。当然，好景气的来临值得欢迎，但在内心深处还会有更加欢迎不景气来临的倾向。

不景气的时候股价会下跌。当股价大幅度下跌的时候，社会上就会慌乱而不知所措，以买进股票做多的操作方式进入市场的投资人能做的事情非常有限。不管是价值股投资也好、成长股投资也罢，在直接面临不景气的时候，几乎都无能为力。顶多只能选择是要将手上的持股变现，静待景气寒冬结束，或是抱着账面亏损的股票不放，以撑待变。对价值股投资来说，不景气的时候确实是投资人睁大眼睛，四处寻找值得投资个股的好机会，但真要执行买进的那一瞬间，又可能会决定暂缓出手。

关于这点，景气循环投资在面临不景气股价下跌的时候，仍然有好几种因应之策。依照景气循环理论，可以买进股票的阶段和应该卖出股票的阶段，两者持续的期间几乎是一样长的。既然如此，就可以使用信用交易的放空策略来参与战局。只要物料价格还在持续下跌，放空交易的战略就成效可期。

而且放空交易最重要的一点在于“掌握什么时间点股价落底开始反转，什么时间点空方应该收手”，只要能够尽早找出转折点，甚至还能够反手操作买进股票。如此一来，此时又可以抓住景气的触底翻扬行情，有机会可以取得由谷底上涨4～5倍的大波段涨幅。像这样可以充分体验经济成长动力由顶峰到谷底的完整过程，可以说是成长股和价值股投资所欠缺，但景气循环投资所特有的魅力吧。

成长股、价值股、景气循环股，笔者针对这三项投资策略各自的特征，依自己的主观判断做了一连串的说明，其实每一种投资策略都有其魅力所在。各位最重要的是要确认自己的投资模式为何，并且持续下去，这点请读者千万切记。

重点

景气循环投资法的优点与缺点

◎不需要劳心费神选择个股

◎买卖时不去预测未来

◎投资期间可长可短

◎几乎不使用投资指标

◎靠自己判断即可

（四）活用信用交易

前面的章节已经向各位提到，景气循环投资策略也能充分适用于空头市场。此时最有效的操作方法就是放空交易。这里要为读者说明如何透过放空交易，在空头市场里活用景气循环投资策略。

适合放空交易的阶段

投资人在空头市场能做的事情真的很有限。

成长股投资的第一把交椅——美国著名的投资大师威廉·欧尼尔，在2005年出版的著作《股市做空：熊市脱困，牛市翻升》中有以下这么一段话。

“投资人在空头市场里能做的只有两件事。其中之一是将手上的持股全部卖出，拿回在市场上的资金，耐心等候空头市场过去；另一个则是利用信用交易来进行放空交易操作，就只有这两种选择。”

也就是说，投资人在空头市场里，要不就是将持股全部变现，要不就是放空交易这两种选择。

景气循环投资策略可以透过放空交易，在空头市场里和市场正面交锋。这是基于第一章理论篇所提及的股市投资两大原则——“股价是反映景气的镜子”“股价会领先景气”所得到的论述。

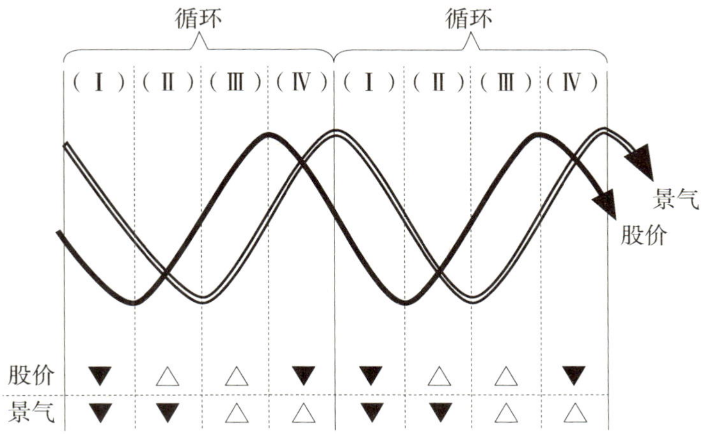

图2－13　循环周期

请再想想在第一章登场的“四个阶段分析”。帮读者复习一下，分别是：（Ⅰ）股价和景气都下跌；（Ⅱ）股价上涨，景气下跌；（Ⅲ）股价和景气都上涨；（Ⅳ）股价下跌；景气上升这四个阶段。（Ⅲ）是股价和景气都上涨，而（Ⅰ）是股价和景气都下跌的阶段。如果说（Ⅲ）是重要的买点所在，那么根据同样的道理，（Ⅰ）就可说是重要的卖点所在吧。

（Ⅲ）和（Ⅰ），也就是景气和股价都上涨或者是都下跌的阶段，会以完全相同的次数、相同的频率，重复发生相同的经济现象。比方说像

（Ⅲ）那样，不管在什么时间点，买进什么样的股票都会赚到钱的另一面，就是像（Ⅰ）这种，不管买什么股票，不管在什么时候买进都会发生亏损的时期。这简直可以说是股票市场的“放空交易区”。

根据景气阶段的变化来看，不管是多头市场或是空头市场，投资的机会都是相等的，这正是景气循环投资策略的真正价值所在。而要想在（Ⅰ）的阶段进行有效的投资操作，除了活用信用交易之外，别无他法。

一般的投资人都是以买进现股，再高价卖出为基本的操作方式，因此，在（Ⅰ）至（Ⅳ）的循环周期当中，只有（Ⅲ）能够以买进现股的投资方式获利。相较于此，对景气循环投资人来说，（Ⅲ）的阶段要买进股票，（Ⅰ）的阶段要放空交易，两种情形都同样有获利的机会。

此外，（Ⅰ）的阶段适合放空交易的理由还有一个，那就是我们先前已经提到过的，景气循环投资不管是买进或是卖出，都同样有明确的理由。我们不是因为“感觉”股价偏高，或是“感觉”股价已经到达顶峰，诸如此类感觉上的理由才来进行放空交易。根据“营业额 = 数量 × 单价”这个基本公式，当单价明显下跌之时，就代表着景气开始衰退，营业额会跟着减少，因此，只要半机械式地进行放空交易即可。

活用信用交易

那么，到底什么是信用交易呢？我们在这里为读者针对信用交易制度的概要，做最简单的说明。

信用交易就是投资人提供担保品给证券公司，在其担保范围内向证券公司融资来买进股票，或是融券来卖出股票的交易形态。融资买进股票时，需要支付融资利息，而融券卖出，也需要支付股票的借券费用。（融券放空交易理论上应该可以向证券公司收取利息，但以日本目前的状况而言，利息是零元。）

信用交易的代表性买卖手法有以下三种交易策略。第一种是“避险”，第二种是“财务杠杆”，第三种则是“套利”。

◎避险

这是一种应用范围相当广泛的交易手法。

这种交易手法的特征用一句话来说明，就是对同一只个股同时进行“现股买进”和“融券卖出”的组合操作。当投资人判断手上持有的现股未来将会下跌时，不是只单纯卖出股票出脱持股，而是以该现股作为担保品放空同一只股票，同时拥有现股和融券两种部位的交易手法。也许读者会觉得好像很难理解，就让我们按部就班来进行说明。

在这里我们以三菱综合材料的月线走势图来做案例分析。

避险交易，必须以持有现股为前提。首先我们根据景气循环投资的理论，先买进三菱综合材料的现股。买进的时间点是在股价突破“前波重要高点”之后。也就是图 2 – 14 中①所代表的 2005 年 8 月股价突破 300 日元价位的时候。当然，在先前股价价位更低的时间点买进也无妨。2003 年春季时，即便是三菱财阀体系的三菱综合材料的股价也一样惨跌，曾经面临过 100 日元整数价位的保卫战。

那么，假设我们以 300 日元的价位买进了 1000 股，然后持续保有持股，直到 2005 年底终于突破了 600 日元大关②，来到当初购入成本 2 倍的价位。接着在高档盘整了将近 4 个月后，2006 年 4 月又再次跌破 600 日元

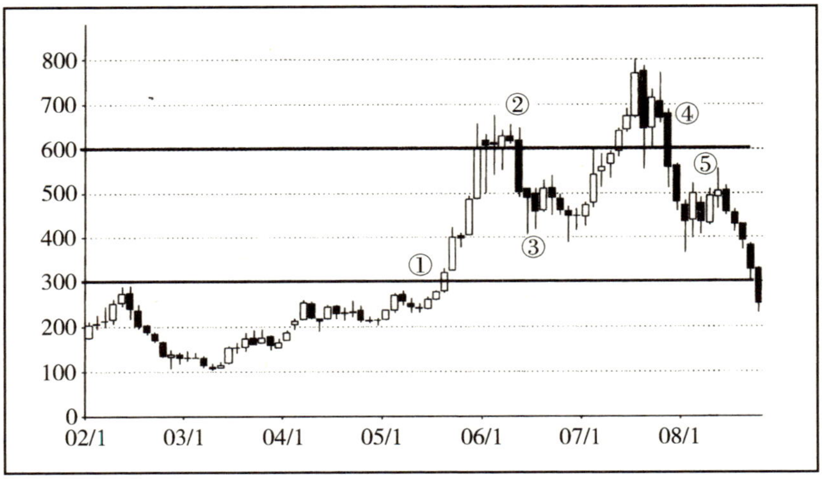

图 2－14 三菱综合材料（5711）2002 年月线

的整数关卡。在这个阶段②，终于来到我们要开始对三菱综合材料实行“避险放空”的时机点。

避险放空其实并非多么复杂的操作方式。只要将手上持有的三菱综合材料现股 1000 股作为担保，然后融券放空三菱综合材料的股票 1000 股即可。将在①以 300 日元买进的 1000 股作为担保，然后在②以 600 日元放空卖出 1000 股，买卖到此就完成了。避险放空的意义在于②时不卖出手上的 1000 股现股，而是以信用交易来融券放空同一只股票、同样的股数。以投资仓位来说，就是同时拥有“买进现股 1000 股，卖出融券 1000 股”这两种仓位。

这样的交易手法意义何在呢？

这是因为如果卖出的是现股，很有可能再也买不回来的惨痛教训所致。当我们将 300 日元买进的股票以 600 日元卖出后，若是下次还要买进同一张股票时，人的心理总是希望能够再以300日元以下的价位买进。然而股价在多头市场当中，通常很难如我们所愿再次下跌到这么低的价位。话说回来，如果一味担心卖出去就买不回来而舍不得卖出持股的话，原本高涨到600日元的股价，一瞬间又转而下跌，平白错失最好的卖点。

当我们想要持续保有现股，但又看出市场上股价在短期急涨之后，肯定接着就是拉回修正的明显趋势，此时就是避险放空派上用场的时机。

如今，我们在②已经以信用交易的方式，对三菱综合材料进行了1000股的避险放空操作。刚好股价接下来马上出现急跌，于是2006年7月我们将信用交易的“融券卖出部分”以500日元的价位回补③。在这个时间点，原本以600日元卖出的股票，用500日元回补，让我们赚到了100日元的正价差。

接下来才是重要的地方。由②至③的股价下跌，使我们以避险放空取得了100日元的获利，因此，可以视同当初在①买进的1000股现股的购入成本降低了100日元。

我们不需要进行任何实际上的事务手续，去修改当初的购入成本。只要在自己管理手中持股的时候，将三菱综合材料1000股的买进单价（成本），在2006年7月以后视同购入成本已经降低为200日元，而不是当初的300日元即可。我们进行避险放空操作的最大目的，就在于像这样降低现股的购入成本。

接下来在三菱综合材料下一波来临的上涨行情当中，我们再次进行同样的操作。④是2007年9月股价突破700日元大关的阶段。在这里我们仍然不出脱手上的1000股现股，而是以信用交易的1000股融券放空来代替

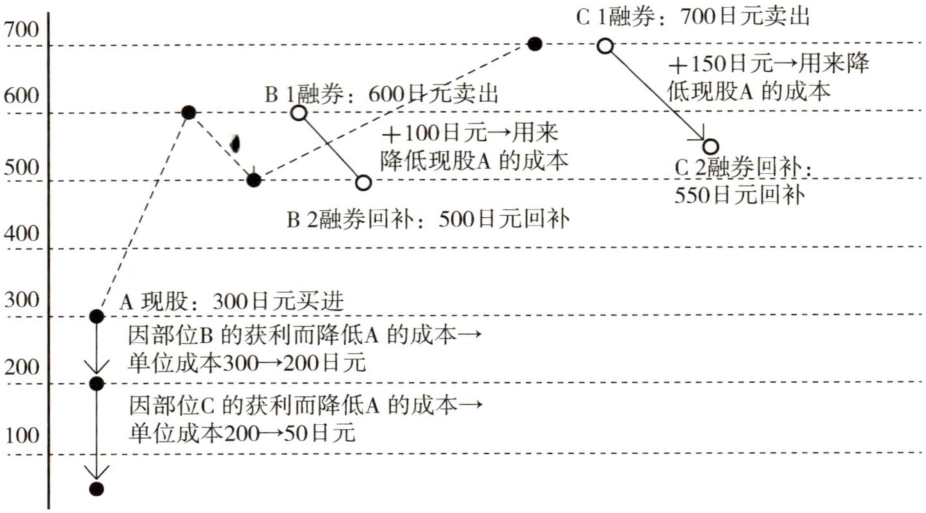

图2－15　避险放空的示意图

卖出持股。

后来，2007 年 11 月股价下跌到 550 日元的价位⑤。此时我们将融券空单回补，实现 150 日元的价差获利。

和上次相同，我们也将这里以避险放空操作取得的 150 日元获利，视同贡献至降低现股的购入单价上。当初现股取得的成本是 300 日元，因为②至③的交易而降低至 200 日元，如今再因为④至⑤的避险放空操作，使得购入成本进一步降低到 50 日元。

如果能够有效地重复进行这样的操作，购入成本最后会达到无限接近零日元的地步。这么一来，当初的现股几乎可以整个视为“免费取得的三菱综合材料 1000 股”，即使市场上的股价有一些小幅度的下跌，也可以完全不用考虑卖出当初持有的现股。就算日后股价出现急跌，也不担心账面上的亏损，可以安心地撑过股价低潮期。

三菱综合材料在日本的制造业当中，毕竟是属于旧财阀体系的大公司，企业体质相当完善。虽然说现在是个不确定的世界，什么时候会发生什么事情，谁也无法预料，不过三菱综合材料会面临破产的可能性，实在是微乎其微。因此，不管三菱综合材料的股价日后下跌到什么样的价位，只要我们手上还持有已经将购入成本降低到50日元的现股，就完全没有急着要卖出股票的必要。

不管日本的经济沦落到怎么样萧条的惨况，因为景气原本就具备循环变动的特性，有十足的可能性在几年之内，景气还会再度复苏。我们不需要去思考这个复苏什么时候才会来临。景气循环投资不需要去预测未来。我们要做的只是等到景气复苏来临时，再次进行避险放空操作就可以了。

避险放空的妙用，取决于景气循环投资当中，以景气循环周期为思维模式的大前提。也就是“景气的波动变化会重复发生，以前发生过的事情也会再重复发生”这样的思维模式。只要能够贯彻这样的思维，将在谷底买进的现股，搭配高档价位的避险放空来一并组合操作，这么一来，可以说两者是最具威力的搭档。而且在重复进行避险放空操作的过程中，还可以不断地降低当初现股的买进成本。

想要像我们这次所举的三菱综合材料案例一样，没有任何失败地顺利将购入单价降低到接近零日元，需要高难度的操作技巧。然而只要是有效地去反复操作，就算要将“购入成本降到零日元以下”也不是不可能的。

为了要达到这样的成效，首先就必须找出像景气循环股那样，具有周期性变动特性的股票，然后在价格谷底时买进现股，接下来才有避险放空发挥的机会。

如果是成长股的话，股价大幅上涨之后，一旦成长力道不再，股价接着就会大幅度下跌。像这样的股票，不会再有复苏的机会来临。唯有“总是以周期性循环变动”的景气循环股，才有可能借由避险放空，在其周期性的波段变化上乘风破浪前行。避险放空操作最大的重点就在于“如何能使现股的购入成本降到最低”这一点上面。

◎财务杠杆

财务杠杆，是指一个投资人能够投资的金额，多于他的资产。以目前的信用交易规定而言，可以进行委托保证金（担保）三倍金额的买卖。比方说，提供100万日元作为担保，那么除了原本的100万日元，还可以另外进行300万日元为上限的买卖。这样的操作法能够让投资人以较小的力量（资金）来进行大笔的买卖，因此也被称为“杠杆原理”。

这里的操作重点，纯粹在于“放空交易”这一点。放空交易最为基本的就是“将高价卖出的股票，以低价买回来”。不过在股市里所有的交易方式当中，放空交易算是风险性最高的一种。有可能会让你的亏损扩大到无限，因此小心谨慎就是放空交易的必要条件。

我们再来参考威廉·欧尼尔在《股市做空：熊市脱困，牛市翻升》书中的内容。

欧尼尔的放空交易手法最重要的关键点，在于选择“市场整体全都走弱”的时机进场。换句话说，也就是股票市场处于不景气的阶段。因为经济陷入不景气，所以此时所有的股票都是呈现下跌的走势。

其次的重点是“专挑大型股放空”。欧尼尔认为流动性低的小型股不适合作为放空交易的对象。小型股只要少许的资金就能大幅左右股价的上下波动，很有可能会有在我们进行放空交易之后，股价却立刻向上飙涨的风险。如果单纯只因为股价看起来偏高这样的理由，就去放空小型股的话，这将会是最危险的投资行为。

此外，欧尼尔还认为放空大型股，应该要挑选先前多头市场里担任主流地位的个股来放空。有效利用大型股的下跌趋势是非常重要的。

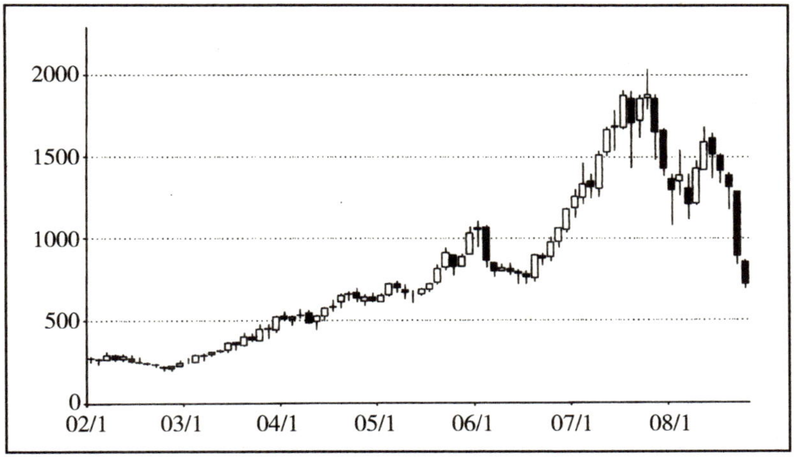

图 2－16　商船三井（9104）2002 年月线

这里我们来看一下商船三井的月线走势图。

商船三井由 2002 年 11 月的 193 日元的低价位，上涨至 2007 年 10 月的 2040 日元，股价足足涨了 10 倍以上。在金砖四国的经济发展带动之下，海运市场也呈现一片荣景，这就是股价上涨的主因。其中商船三井扮演着世界海运业界的龙头地位。欧尼尔的教导，就是要我们挑选这样的股票来进行放空交易。

股价在数年内成长 10 倍的龙头股，一定已经成为法人投资机构大量持有的核心股票。不过如果支持股票成长的动力消失的时候，届时法人投资机构会反过来一起站在卖方抛售持股。历经漫长时间一路大幅成长过来的个股，很有可能也会因为同样的理由而开始漫长的大幅下跌之路。对放空交易来说，就是要好好地利用这个机会。

我们所要做的，不是去抓住小型股在短期间急涨后急跌的时机，来进行放空。而是要锁定法人投资机构大量持有的大型股，当股价在经过漫长时间的大幅上涨之后，转而价格崩盘之际，趁机进行放空交易。

像这样的股票，通常在股价到达顶峰之后的 5 ~ 7 个月，才会出现真正的卖点。

以商船三井为例，2007 年 10 月到达价格高点之后的 5 ~ 7 个月，也就是 2008 年 3 至 5 月左右才出现了真正的卖点。股价后来虽然一度反弹回升，不过像这样的反弹波正是欧尼尔认为绝佳的放空时机。当股价进入下跌趋势的阶段，随时要掌握一时的跌深反弹进行放空交易。这是非常重要的关键所在。

放空交易是一种亏损有可能无限大的高风险交易手法，因此谨慎行事做好风险控管就显得很重要。如果对个股产生了特别的情感，当空头行情来临之际难免会延误正确处置的时机。掌握景气的现况，并且根据目前的状况，来对个股进行机械式买卖的景气循环投资策略，除了不需要去预测未来，同样也对个股几乎不抱以任何特别的情感。可以说正因为如此，景气循环投资策略才能够将投资风险控制在最小限度吧。

此外，景气循环股无法使用一般判断股价偏高或偏低的投资指标来作为买卖时的参考。我们在前面的章节针对本益比进行说明的时候，已经提到过景气循环股在股价的头部时，所有的投资指针都会显示股价偏低；反过来在股价的底部时，几乎所有的投资指标都表示股价偏高。因此，我们不是依照一般的思考方式，去找寻投资指针显示股价偏高的个股来进行放空交易。而是要请各位看清楚投资对象的产品、服务的价格下跌的时机，再来进行放空交易。

还有，停损点要设定在比平常时更小的幅度。欧尼尔总是不厌其烦地强调“一定要严格执行停损”，要求投资人如果是买进股票，就要以目标获利涨幅的二分之一作为停损的水平。

通常的目标获利如果是+20%，那停损的水平就要设定在-10%。而放空交易的情形，停损的设定得更小心一点，大约是获利的三分之一。以+20%的目标获利来说，停损的水平就要设定在7%~8%之间。

经常性地执行停损，可以降低风险。另外，也不要贪求太大的获利。放空交易不可以试图去追求投入成本的2~3倍的获利。利润要一点一点地慢慢取得，这才是放空交易最精妙的诀窍所在。

◎套利（配对交易）

套利在期货市场是一种主流的交易手法。观察日经平均指数的现货指数和日经225期货之间的价差，卖出价格偏高的一方，买进价格偏低的一方的买卖方式。其后，当两者之间的价差缩小时就出脱部位平仓。商品期货市场自古以来就频繁进行的时间价差交易、个股价差交易，其实这也是套利交易的一种。若是在股票市场的话，大家可能对“配对交易”这个称呼比较耳熟能详吧。

配对交易（套利）是找出两个股价变动类似的个股作为一组，融券放空股价偏高的个股，同时买进股价偏低的一方的交易手法。两只股票当中A股用信用交易融资买进，B股用信用交易融券卖出，借以取得两者之间的价差。此外，买进的情形以现股买进也可以。不过避险交易是针对同一只股票买进现股，融券放空。这里为了要容易和避险作区隔，因此以“信用买进，信用卖出”的组合来做解说。

配对交易，要从找出两只股价经常性变动类似的个股作为一组开始。然后还要调查两者价格变动的特征，进而取得“因某种理由而产生”的价差。

就算其中一方的部位朝向相反的方向变动而产生亏损，可以以同样模式变动的另一方的个股的部位来打平亏损，甚至可以寻求价差利润，一方经常是另一方的避险。

这里我们以新日铁和住友金属工业（住金）的组合来看。期间是2008年1～10月，不过我们不是光看日线走势图，而是为了要测试两者的股价关系而进行指数化（“新日铁/住金”指数，新日铁的股价去除以住金的股价，2007年1月=1.0）。

因为是除法计算，因此，图表如果是走势向上，代表“新日铁价格偏高/住金价格偏低”，反过来，如果是向下移动，就代表“住金价格偏高/新日铁价格偏低”。

2008年1月中旬新日铁的价位是660日元，住金则是525日元附近价位。才刚过完新年，市场行情朝向空方发展的气息就相当浓厚，即便如此，指数在图表上还是呈现上涨趋势，代表新日铁的优异表现非常抢眼。

而5月9日新日铁来到608日元价位，住金来到424日元价位，“新日铁/住金”指数所形成的图表达到倍率1.2倍，也就是次页图2－17中①所表示的位置。

此时判断两者之间的价差已经高涨到极限，可以进行“融券放空价格偏高的新日铁1000股”，同时间“融资买进价格偏低的住金1000股”的配对交易。两个月后的7月1日，新日铁561日元，住金469日元。“新日铁/住金”指数来到②的位置，两者之间的倍率达到1.0，原本的价差消失了。此时可以做出两档股票间的价格偏高、偏低现象已经得到解决的判断，因此要将配对交易结清。

结清的结果，新日铁赚47日元（608日元减561日元），住金赚45日元（469日元减424日元），合计两档股票的配对交易赚进92日元。

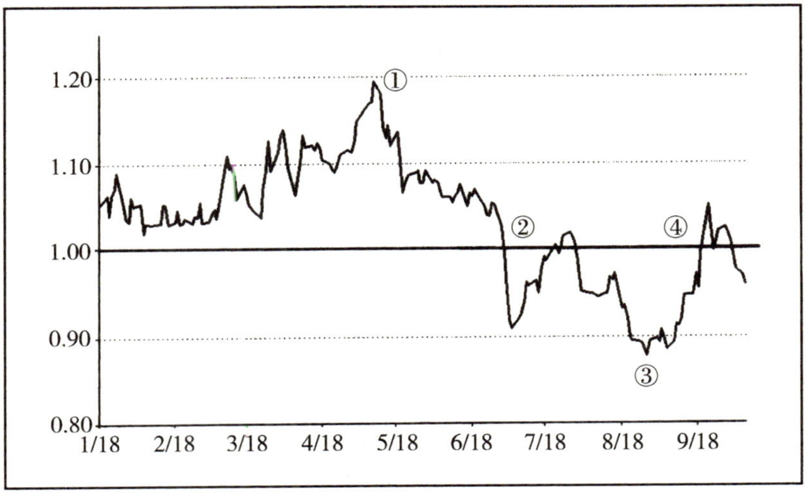

图2－17　“新日铁/住金”指数日线（2008年7月＝1.00）

这次的案例当中，卖出部位和买进部位都取得利润，但这种情况在配对交易中是少见的例外。通常配对交易都是一方的获利去填补另一方的亏损，然后寻求整体利润的一种交易手法。这也证明了①～②的期间，两文件股票之间的价格偏高、偏低状况来到极限，然后再趋于缓解的情形。

图2－17中的③～④期间也可以看到同样的变动模式。此时价格偏高的是住金，因此图中的走势向下大幅波动。③的时间点（8月27日）是新日铁507日元，住金475日元，“新日铁/住金”指数降低到0.88。此时我们要进行“融资买进价格偏低的新日铁1000股”，同时间“融券放空价格偏高的住金1000股”的操作。

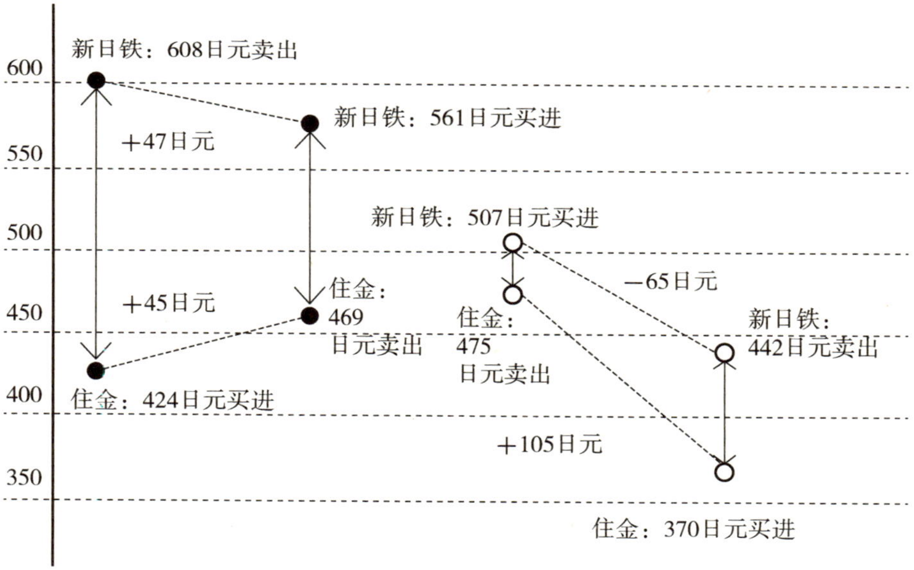

图2－18　配对交易的示意图

经过不到1个月的时间（9月19日），价位来到新日铁442日元，住金370日元。“新日铁/住金”指数达到④的位置，两者之间的倍率再次回到1.0倍。此时两文件股票间的价格偏高、偏低现象已经得到解决，因此要将配对交易结清。

结果新日铁亏损65日元（442日元减507日元），住金获利105日元（475日元减370日元），合计取得40日元的利润。在这里，一方的获利填补了另一方的亏损，这样的情形就是配对交易原本该有的成果。

配对交易和日本传统上的“价差交易”是一样的。价差交易基本上就是专门抓紧以殖利率或百分比呈现的细微价格变动，来进行操作的一种投资策略。由于我们只需要关注价格上的差异，因此在市场行情不明朗的时候，或是趋势方向难以判断的时候，也同样可以进行价差交易。不过，实际上并不是随时都有执行操作的机会。投资人需要耐心等候其中一方的股票价格偏高，或是偏低的状态发生，因此，一年只有2～3次的买卖机会。而我们就是要去掌握住这少数几次的机会，确实取得绩效。

在此要提醒各位执行配对交易操作时的几个注意事项。

首先，在进行实际交易之前，先找出股价变动模式相近的两文件股票作为组合是很重要的。像是丰田汽车和本田汽车、朝日啤酒和麒麟啤酒、三井不动产和三菱地所等，在同一业种内（不同业种也可以）先找出两文件股票的组合。若是在景气循环股里寻找，如同这里用作案例分析的钢铁股一般的股票组合，相信会比较容易上手。因为景气循环业在面临景气变动之时，同一业种的股价一起朝向同一方向变动的特性非常明显。

在景气循环股当中，就算是不同的个股，只要属于同一业种，股价的变化走势大多是呈现相同的轨迹。新日铁股价的上涨阶段，通常住友金属的股价也在上涨。但如果是在电机业界，日立股价上涨，并不代表同业的东芝也会上涨。同样的，SONY 的股价上涨，夏普也跟着上涨的情形少之又少。对电机制造商来说，毕竟每家公司所推出的产品种类和性能不一样，在客户服务方面的评价与销售状况也都完全不一样。

只要是同一业种，景气循环股的股价变动几乎完全一样，这是因为各企业间的产品很难分出所谓的高低优劣，完全只依靠设备稼动率形成收益的增减所致。

新日铁制造出的产品，和住友金属的产品，几乎没有太大的差别（就算专家可以指出差异所在，但一般人是完全无法判断）。这就是景气循环股的一大特征。考虑到像这样的特殊性，配对交易可以说对景气循环业是非常有效的交易手法。

找到股票组合之后，接下来要掌握住两档股票各自的特性是什么？两者之间的价差一般都会拉开到什么程度？追溯过去的资料，试着制作出如“新日铁/住金”指数般的图表，以了解股价的习性是很重要的。配对交易不是心里想到就可以立刻去执行买卖的操作手法。投资人要在过去数年或是数十年间的股价波动当中，找出两者股价偏高或偏低的界限在哪里。以这样的方法来作为判断今后建立买卖部位组合时间点的参考。

配对交易，两文件股票间的价格波动就是一切。

我们只要像传统的价差交易那样，紧盯着两档股票之间的价差即可。基本上不需要针对今后的行情做出“会走高或走低?”的解读。只要有实行配对交易所必备的价差存在，不管是多头行情，或是空头市场都能够进行买卖。

不过请各位千万不要误会，就算配对交易在空方市场也能进行交易，但绝对不代表配对交易就是没有风险性的交易手法。万一价差继续不断地扩大，不再回到零价差的原点，就非常有可能陷入所谓“一去不回头”的状态。

关于这点，只能将其视为配对交易必定存在的风险性而做好觉悟。我们必须要事先考虑两档股票之间的价差只会越拉越开，不再回到原点时的风险，即使是配对交易，也需要最低限度的停损规则。

经过以上的说明，我们了解到了信用交易中的避险、财务杠杆（放空交易）、套利（配对交易）与景气循环投资之间的关系。

就结论而言，信用交易和景气循环投资策略，可以说在性质上是协调性非常高的两种投资策略。请各位在充分理解两者的特征之后，亲自去体会搭配组合的精妙之处，进而取得更佳的投资成效吧！

重　点

活用信用交易

◎景气循环投资法和信用交易的搭配性良好

◎避险：降低现股的购入成本

◎财务杠杆：空头市场以放空交易因应

◎套利（配对交易）：抓紧两档股票间的价差

第三章　案例分析

最后，让我们将钢铁、非铁、海运等这三种最具代表性的景气循环股的市况变迁，以及与其产生连动的个股走势图一起来做比较分析。

金砖四国的抬头

肇因于高科技股泡沫化的影响，发达国家自 2001 年起出现了剧烈的景气衰退。一直要到 2002 年 1 月，景气才总算触底。然而这一次景气却由此时开始，到 2007 年 10 ~ 12 月为止，展开了第二次世界大战以后持续时间最长的景气扩张期。

这股席卷了整个日本市场的原动力，就是海外经济活动的繁荣活跃。

景气触底的当时，发生了美国的“9·11”恐怖攻击事件、伊拉克战争、中国的 SARS 等一连串的事件，使我们实在无法感受到景气趋势已经反转向上的实际情况。不过在 2004 年左右开始，基于中国、印度、俄国、巴西等所谓的 BRICs（金砖四国）基础工程整建所需的建设投资、设备投资提升了世界经济发展，日本的基础原材料输出也因此而激增。这里我们就以钢铁、非铁、海运股的动向来作为案例分析。

◎钢铁

2004—2007 年的金砖四国行情，股票市场的主角之一就是“钢铁股”。高炉厂商虽然也形成了强势的股价上涨趋势，但我们这里要为读者介绍的是不锈钢专业制造商日本冶金工业（5480）。

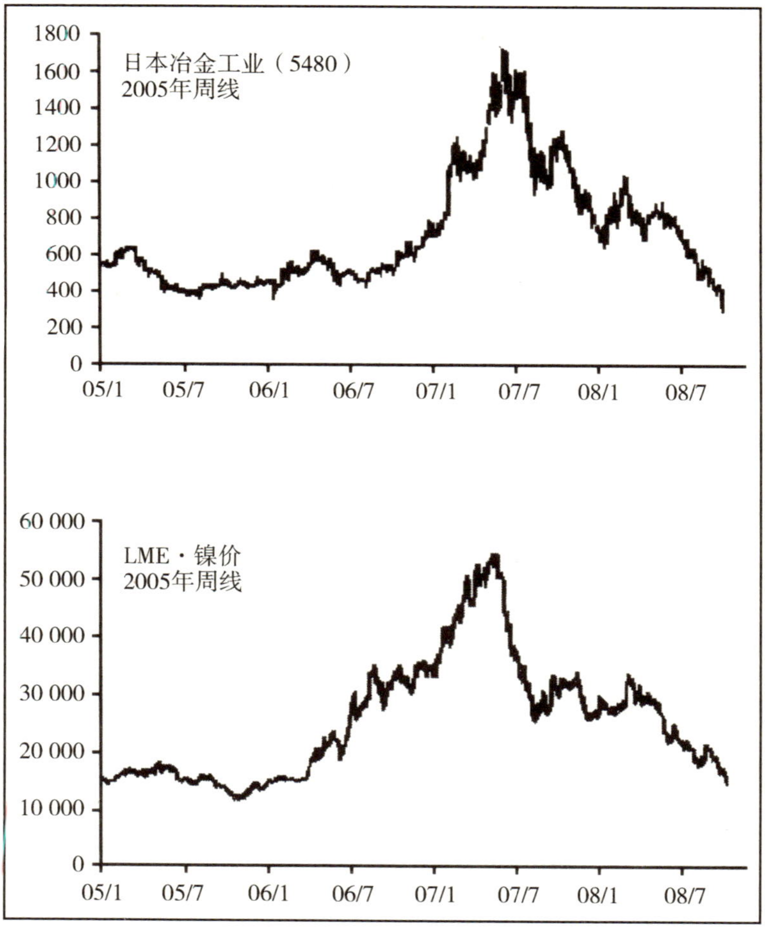

图 3－1　日本冶金工业与镍价

2006 年秋天开始到 2007 年中旬，股价急剧的上涨。原本在 400 日元前半的股价，在一年左右的时间就超越1700日元，涨幅高达4倍之多。冶金工业是日本最大的不锈钢板专业制造商。竞争对手是新日铁住金不锈钢（未上市）、日新制钢（5407）和日本金属工业（5479）等等。

冶金工业的股价上涨原因当然是不锈钢的价格上涨。不锈钢在2006年1～5月时每吨单价维持在30万日元上下，几乎是横向盘整的格局。当金砖四国经济圈，特别是中国的大楼、工厂、住宅的建设需求急增，价格也跟着猛烈地上涨。原本一直维持在30万日元左右的价格，2006年7月有两波涨势，突破了35万日元价位。9月20日超过40万日元价位。与春季相比较之下上涨三成。

价格涨势尚未停歇，10月来到44万日元，11月来到46万日元，12月突破50万日元，来到急速上涨的阶段。不易生锈的不锈钢是一种在产业用途上非常广泛的钢材。因此，我们可以判断不锈钢是因为住宅、工厂建设的关系，重要性不断向上攀升。

同一时间，作为不锈钢制程原料的镍的价格，也和不锈钢的上涨几乎曲线一致，迎接历史性的上涨阶段。不过到底是因为镍的价格上涨，才导致不锈钢的价格上涨，或是因为不锈钢的需求增强，才使得镍的需求跟着增加？这就和先有鸡或先有蛋的关系一样，不知道何者为先。不管怎么样，历史性的价格上扬发生了，而这样的情况，如果我们可以借由每天确认镍和不锈钢的价格，去联想到镍材精炼公司和不锈钢制造商双方的收益都已经好转了的话，就能够抢得投资的先机。

对景气循环投资人来说，重要的是“什么时间点”察觉产品和原料价格的上涨。以不锈钢和原料的镍价为例，2006年8～9月就能发现价格的上升态势是最理想的。或是即使夏天尚未察觉价格的走势变化，只要一直注意价格的走势，2006 年秋天至冬天左右的强势价格上涨，总该会发现情况有所改变了吧。至于不锈钢价格上涨的理由，以后再去研究就好了。

2006 年 11 月左右，开始要去注意到不锈钢制造商的股价，其中特别要关心价格变化较为灵活的冶金工业。股价由初秋就开始一点一点产生变动。如果是镍材精炼公司，那就有可能会归纳出大平洋金属（5541）或住友金属矿山（5713）这两档股票。

不锈钢的价格在 2006 年底突破 50 万日元大关之后，2007 年又开始一波上涨趋势，2 月站上 55 万日元，到了 4 月，终于攻破 60 万日元的大关卡。甚至在 2007 年夏天，来到 65 万日元的价位。同时间，原料的镍的价格也在 2007 年 5 月达到每吨 5 万美元的价位。这个过程中，冶金工业的股价几乎亦步亦趋地跟着一路上涨。

价格完全取决于供给与需求之间的关系。因此，当价格过高时，使用者就会减少采购的数量，价格不会有永远上涨的情形发生。以镍和不锈钢的情形来看，每天都在 LME 更新行情的镍价，对于股价的影响比较实时。时序进入 2007 年 6 月之后，镍价急速下跌，因而导致以冶金工业为首的不锈钢制造商的股价形成大头部。

不锈钢之类的钢铁产品价格变化虽然缓慢，但也无法避免地向下走跌。以 6 月的 65 万日元价位，8 月的 68 万日元价位为顶峰，9 月起不锈钢的价格终于也开始反转向下，其后整整一年的时间，股价一次也没有上涨过。以不锈钢制造商为首，几乎所有的钢铁股都在此同一时期形成头部，之后就持续好一阵子的空方行情。2007 年后半至 2008 年发生人称“百年一遇”的世界金融危机和股价的暴跌，其最初的征兆就是2007年6月末发生的不锈钢及镍价的顶峰形成，价格反转下跌。

在这里用来举例的冶金工业的股价和镍价，彼此间完美连动的程度实在叫人为之称奇。景气循环业和产品价格的联动性当中，要像如此完美联动的情形非常少见。一般在其他的案例当中，两者间的联动多少会有些时间差，价格的涨幅上限也可能有所不同，就连要能清楚判断两者之间的关联性都有困难的事例比比皆是。在镍价→不锈钢价→冶金工业股价的这个例子之中，彼此间的联动状况可以说是例外中的例外了。

因此，笔者再次深切感受到，要去观察景气循环业种的股价，果然还是需要去注意产品和原料的价格上涨和下跌。这里我们要做的不是去预测未来的涨跌，而是要去掌握现在的价位处于何种状态，趋势是朝哪个方向前进，接下来顺势而为即可。

◎非铁

这里我们举LME的铅价变化与东邦亚铅（5707）之间的关联性来作为事例。

非铁类股最具代表性的个股是住友金属矿山（5713），股价和镍价的联动性非常紧密。但因为镍价的部分我们先前已经举冶金工业为例说明过了，所以要另外选择其他的非铁股。在这里，我们挑选出的是东邦亚铅。

伴随着金砖四国经济的发展，自2004年开始，几乎每一项初级产品的价格都为之高涨。由2005年年中开始，最早可以观察到非铁市况价格高涨的大波动变化，接着原油价格才紧追其后随之上涨。而铅也是成功实现大幅上涨的非铁项目之一。

铅的上涨是基于什么样的背景因素呢？关于这点，在吉姆·罗杰斯（Jim Rogers）的《罗杰斯教你投资热门商品》中有详细的说明。

铅是人类自古以来就十分惯用的金属材料，罗马时代甚至用来制作成上水道管使用。虽然是一种非常珍贵的资源，但同时也因为对人体的强烈毒性而广为人知。铅在工业产品中常使用于电子回路的焊接制程，不过现在不使用铅的“无铅制程”的产品有增加的趋势。

然而在另一方面，车用电池直到现在还是在大量使用铅这个材料。最近虽然有锂电池、镍氢电池等新型电池陆续量产问世，但除了价格高昂之外，电流出力偏低，无法耐得起长时间的使用等，一连串的缺点十分显著。况且，人类到目前为止还没有找出其他像铅蓄电池这样，低价又高电量的其他材质蓄电池，因此即使知道铅是有毒物质，但以现状而言，还是不得不使用。

而且恐怕未来数年到数十年之间，在中国和印度这些人口数量庞大的新兴工业国家的汽车普及，机动化进展会呈现爆发性的增长。届时预期铅制车用蓄电池将会大量生产，并且大量消费。铅在工业用途上虽然日渐衰退，但受惠于车用蓄电池的需求大增，未来可以预期铅的需求量还会不断向上攀高。

过去因为长期资源价格低迷所致，20 世纪 80 年代至 90 年代，世界上几乎没有铅矿山的新开发案件。对于全世界供应量有限的铅而言，可以预想得到中国、印度的汽车市场需求，将会带动铅的庞大需求量。2005 年以后的铅价飙涨，就是基于以上的背景而来。

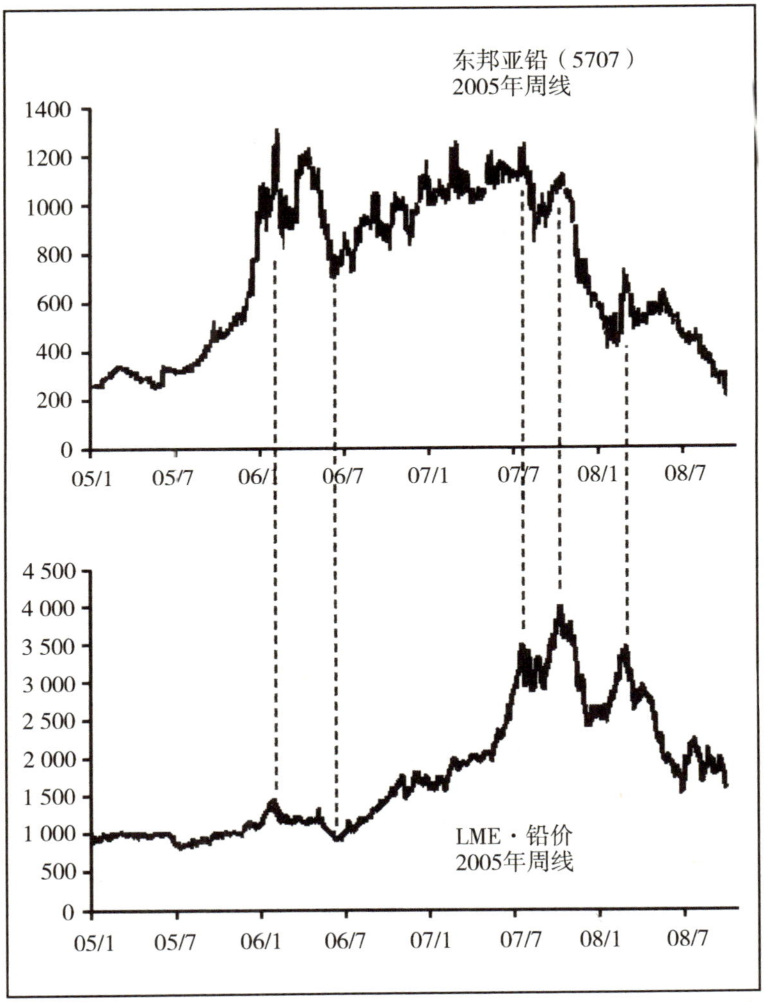

图3－2　东邦亚铅与铅价

日本的非铁公司当中，铅的炼制比重较高的就是东邦亚铅。作为锌的精炼厂商是全球第一的公司，作为铅的精炼厂商则是全球第二的公司。铅的价格一开始大幅上涨是在2005年春到2006年初，当初只有280日元的东邦亚铅股票，8个月后涨到了1300日元，是当初股价的4倍之多。

其后在2006年5月发生商品价格的全面急跌之时，不过1个月的时间，股价就跌落到700日元。后来又因为受到铅价正式展开急涨行情的拉抬，2007年3月股价再一次上涨到1200日元的价位。这段时间股价激烈地上下波动，背后的原因都是因为铅价的暴涨与暴跌。

日本冶金工业是以镍为原料生产不锈钢的公司，东邦亚铅则是专职制作铅锭和锌锭的公司，因此，东邦亚铅可以说是更为贴近非铁市况的价格波动。

不过就图3－2来看，股价和产品价格的联动性不如冶金工业和镍价的关系那么明显。这是因为非铁精炼公司的收益除了受到铅和锌等产品的价格动向影响之外，同时也受到汇率变动的大幅影响。

日元高涨时收益就会减少，日元下跌时收益就会增加。因此，影响收益变动的因素，还要加入汇率变动这项需要额外考虑的要件，也造成价格和股价之间的关系感觉起来并不是太过密切。不过在判断价格和股价方向性的重要转折点这部分，两者还是保有明确的对应关系。

◎海运

2004—2007年，横跨4年时间的金砖四国行情，一般认为最早露出端倪的是2002年底海运业的股价上涨开始。以2002年1月为底部，反转向上的景气复苏，后来打破了1965—1970年长达57个月纪录的“伊扎那歧景气”，发展成为“二战”后日本最长的景气扩张期。而景气回春最早出现征兆的，既不是钢铁业，也不是建设机械业，而是由海运业开始。

在海运业当中，又数川崎汽船（9107）最早开始。海运公司和不锈钢制造商、非铁精炼公司不同，并不从事物品的生产。这点和其他景气循环业有明显的区别。不过当这些制造商需要采购原物料时，或是需要将成品交货给客户时，不可或缺的海上贸易就是由海运公司所一手包办（而居中中介的则是综合商社、专业商社）。

四周都被海洋包围的日本，传统上就是海运立国，和外国之间的贸易往来是商业的核心，使得海运业者一度与商社同样被视为绝顶聪明的精英集团，深受大众向往。另外，海运事业也需要莫大的资金投注，早在大航海时代开始就是最具风险性的生意。

如果眼光看准的话可以大赚一笔，但同时也具有景气变动导致企业表现起伏相当剧烈的特征。因此，当日本明治时代（1868—1910 年）就乱无章法地存在着无数像这样的海运公司，在第一次石油冲击到达顶峰之际，整个业界顿时就陷入长期的低迷状态。日本昭和 50 年（1975 年）以后以财阀系巨大资本为中心，重复了好几次的大规模业界再造活动，20 世纪末期业界整体呈现非常艰苦的状态，以往的光荣不再，甚至逐渐受到日本的产业界所遗忘。

2001 年 12 月这样的状况产生了改变。中国成功加入 WTO（世界贸易组织）之后，业界周遭的环境立即产生激烈的变化。中国对世界各国宣告实施经济开放、降低关税、尊重贸易上的最惠国待遇原则、物品与服务的贸易自由化等举措，自此西方先进国家对中国的贸易便急剧增加。

接下来海运业界的蓬勃发展，就如同各位众所皆知的了。

川崎汽船的股价在伊拉克战争开战前夕的 2002 年 9 月以股价 143 日元价位触底后，2003 年 8 月涨至 400 日元，2003 年底突破 500 日元价位。这一年是日本的股票市场在泡沫经济破灭后落至大底的一年，当时领导市场行情反转向上的推手，除了银行类股之外，还看得到各家海运公司的身影。

接下来2004—2006年，股票市场状况活络，甚至出现“海运的时代已经到来”这样的说法。也是在这个时候，景气确定在2002年1月触底进入反转期。世界经济的复苏、扩张都靠中国独力拉抬的看法也日渐强烈。上海和深圳的经济发展在媒体上大肆报道，而在日本最为受惠的产业就是钢铁、建设机械以及海运业，这样的看法也普遍获得认同。

川崎汽船的股价在9月持续上涨到接近800日元的价位，市场上盛传当前的荣景将会持续10年以上，但没想到煞有其事的荣景却只维持了短暂的时间，进入2005年后，中国政府一改前态，开始采取抑制景气的政策。

中国每年持续两位数的高度经济成长，也使得薪水高涨连带物价上扬、过剩的工厂建设、都市和农村的所得落差、大气和水质污染等问题一口气爆发出来。特别是以钢铁业为中心的过剩设备投资，制造出大量国内无法找到销路的剩余钢铁产品，只得以低廉的价格输出海外市场。但却招致各国提诉反倾销，甚至不惜发动防卫措施限制进口。

中国政府好几次提出包含提升利率水平在内的政策，企图抑制设备投资。因此2004年后半年到2005年之间，世界经济整体进入中场休息的阶段。川崎汽船的股价在这将近两年的时间，也只好进入600～800日元的区间箱型整理阶段。

之后2006年来到。这一年的早春到夏天，股票市场里海运业迎接了第二次的大幅上涨波段。由此刻开始了原物料价格猛烈飙涨行情，后来被称为“初级产品的泡沫行情”。非铁市况已经有许多品项的价格上涨到历史的新高水平，涨势甚至波及谷物和稀有金属，紧接着众人的焦点终于转移到最为核心的黄金与原油。

本来只受到实际需求面左右的初级产品市场，因为投机热钱透过 ETF（指数股票型基金）、商品基金、避险基金等新型金融商品大举进入市场的关系，更加强了价格高涨的动力。以金砖四国为中心的高度成长会一路持续到 2050 年这样的说法，似乎开始有实现的可能性，或者说是社会大众相信会有这样的发展。

商品价格叫人瞠目结舌的高涨，也推升了海运市况。全世界海上运费指数的指标波罗的海干散货运费指数（BDI），因为中国实施抑制景气的政策而在 2005 年春天急速下跌。2006 年前半年也完全没有动静，到了 2006 年 7 月左右才再次开始上涨。到了 2007 年以后，上涨攻势更为强悍，呈现出涨势锐不可当的急涨行情。BDI 每天的价格变动也由此时开始被金融市场所注目，甚至还有属于商品基金的“船舶基金”这样的金融商品登场。

川崎汽船在 2006 年 10 月涨到 850 日元价位。好不容易突破前面盘整两年的箱型整理行情的上限值，自此展开了一整年的多头行情，股价一口气冲上 1760 日元。

这段时间，股价急速上涨的原因，大多可用 BDI 的价格上涨来得到说明。这就是长时间的横向盘整累积了充分的上涨能量，而当其获得解放后，就会带来猛烈的上涨行情的典型案例。

不过后来川崎汽船也和冶金工业、东邦亚铅在同一时期面临空方行情。金砖四国看起来几乎是半永久性成长的经济荣景也无法跳脱景气循环的周期。2007 年夏天创下空前绝后的 11000 点的 BDI 指数，到了 2008 年

图 3－3　川崎汽船与波罗的海干散货运费指数

10 月跌到只剩下 1200 百点。一切回归到 5 年前的秋天，世界上正开始要出现海运热潮时的指数水平。

以上我们借由景气循环股代表性的三个业种，分别以其独具特征的价格变动模式来进行了案例分析。最后笔者要再次提醒各位读者，透过物品的价格来掌握景气循环股的股价动向是非常重要的。景气循环投资策略的要点如下：

（1）每天都要记录物品的价格。

（2）要设法观察出隐含其中的景气动向。

（3）查询股票市场上有对应关系的股票价格动向。

（4）确认物品的价格动向与个股之间的关联性。

（5）进行股市投资。

请各位读者依照以上的步骤进行。

股市投资没有绝对。除了要机械式地实践本书所介绍的景气循环投资策略之外，严格进行风险管理也相当重要。一方面将亏损控制在最低限度，另一方面慢慢累积小幅度的利润，积少成多，进而引导出庞大的利润。这就是景气循环投资策略所追寻的目标。

后 记

2008年9月15日，日本正处于敬老节3天连续假期的初秋时节。拥有150年光荣历史的全球性投资银行的一大要角——雷曼兄弟控股公司破产了。

其后1个月之内，先进国家的大型银行不断被收归国有化，冰岛濒临到国家破产的危机，电视与报纸到处都看得到“世界金融恐慌”“全世界同时陷入不景气”“百年一次的经济动乱”等触目惊心的字句。

2008年10月中旬，这一年的诺贝尔经济学奖得主普林斯顿大学的保罗·克鲁曼教授于颁奖前夕甚至说出“本人没想到在有生之年居然亲身经历到大萧条般的灾难”这样的感想。而正当金融史上发生重大事件的同一时间，本书付梓问世了。

本书乃是以股价和景气循环周期的关系作为主题。景气有大型的扩张阶段和小型的小康状态，股票市场也同样有大小波段变动。虽然2008年全世界都面临几乎让人头皮发麻的股价暴跌，但这个下跌行情迟早会平息，相信总有一天还会再次反转上扬。只要景气和股价呈现周期性循环，就不会有永远的多头市场或空头市场。

雷曼兄弟破产的前一周，我的父亲过世了。

父亲身为专门铸造铸铁的小型工厂的经营者，一路走过了 77 年的岁月。铸铁是要将铜和锌在炉中熔化，先制造出黄铜，然后倒入模具中制作成型品。在过去是一种需要剧烈的体力劳动的职业，目前日本国内的铸铁工厂已经减少得非常多了。我小时候自从懂事开始，就是在铜、锌、铝或杜拉铝的锭块围绕中长大的。也许正因为如此，才使我对非铁和钢铁类股有着一份特别的情感。

谨将本书献给一生保有铸铁职人骄傲的父亲在天之灵。

此外，本书诞生的契机是 2007 年 1 月 Pan Rolling Inc 主办的“2007 年感谢祭”当中的演讲内容。在此我要趁这个机会感谢催生本书出版的世良敬明先生，戮力于编辑工作的西泽英美先生，照顾我许多的 Pan Rolling Inc 的后藤康德社长。

铃木一之